Genossenschaftliche Zeit- und Streitfragen.
Begründet von
Ludwig Parisius und Dr. Hans Crüger,
fortgeführt von
Dr. Hans Crüger.
Heft 19. Heft 19.

Steuerrecht und Genossenschaften

Dritter Teil: Die direkten Steuern.

Von
Dr. jur., Dr. occ. publ. E. H. Meyer,
Rechtsanwalt, Syndikus des deutschen Genossenschaftsverbandes e. V.

Berlin und Leipzig 1920.
Vereinigung wissenschaftlicher Verleger
Walter de Gruyter & Co.
vormals G. J. Göschen'sche Verlagshandlung / J. Guttentag, Verlagsbuchhandlung / Georg Reimer / Karl J. Trübner / Veit & Comp.

Inhaltsverzeichnis.

Steuerrecht und Genossenschaften.

3. Teil: Die direkten Steuern.

Einleitung.

Das Steuergesetzgebungswerk.

(Zweiter Teil.)

Mit den nachstehend besprochenen Gesetzen ist der zweite Teil des großen Steuergesetzgebungswerkes zum Abschluß gekommen. Das Reichseinkommensteuergesetz, das Körperschaftssteuergesetz und das Kapitalertragssteuergesetz bilden das große Mittelstück der jährlich fließenden Steuerquellen, aus denen das Reich den größten Teil seines Bedarfes decken soll. Daneben hat das Landessteuergesetz nur formellen Charakter und regelt die Verteilung der Steuern zwischen Reich, Ländern und Gemeinden. Nach Abschluß dieser Steuergesetze ist im ganzen Deutschen Reich eine einheitliche Besteuerung durchgeführt, Steueroasen sind damit verschwunden.

Neben diesen großen Gesetzen ist dann noch das Gesetz über Veranlagung der Besitzsteuer vom 31. Dezember 1919 ergangen und das Gesetz über die steuerliche Behandlung der im Reichsausgleichsgesetze und im Enteignugsgesetze geregelten Ansprüche und Verbinndlichkeiten (Ausgleichbesteuerungsgesetz). In Beratung ist noch das Gesetz über die Erhebung einer Abgabe zum Baukostenausgleich, besser genanut Mietsteuer.

Nachstehend tommen die Gesetze zur Darstellung, soweit sie bei Drucklegung bereits abgeschlossen waren. Ferner bringt ein Anhang die Ergänzung dieses Steuergesetzgebungswerkes des ersten und zweiten Teils (vgl. Steuerrecht und Genossenschaften Teil I und II), soweit Ausführungsbestimmungen, Erlasse und Entscheidungen zu den einzelnen Steuergesetzen ergangen sind.

In dem vorliegenden Heft kommen die Bestimmungen der erwähnten Gesetze zur Darstellung, soweit sie für alle Arten von Genossenschaften in Betracht kommen, also sowohl für Kreditgenossenschaften als auch für gewerbliche, landwirtschaftliche Genossenschaften, Konsumvereine und Baugenossenschaften. Dies Heft bildet daher die Ergänzung sowohl zu Teil I wie Teil II der Hefte „Steuerrecht und Genossenschaften".

Erster Abschnitt.
Die drei großen Steuergesetze.

Erster Titel.
Das Reichseinkommensteuergesetz.

§ 1. Die steuerpflichtigen Personen.

I. Das Reichseinkommensteuergesetz vom 29. März 1920 ist in der Nationalversammlung am 11. März 1920 angenommen worden (RGBl. 1920 Nr. 57 S. 359).

Einzelne Bestimmungen des Gesetzes sind mit dem 1. April 1920 bereits in Kraft getreten.

Das Gesetz, das nur die Belastung von physischen Personen vorsieht, kommt an sich für die Genossenschaften als juristische Personen nicht in Frage. Ein großer Teil des Reichseinkommensteuergesetzes ist aber in das Körperschaftssteuergesetz übernommen, vor allem die §§ 9 bis 14 (steuerbares Einkommen) und die §§ 31 bis 38 (Ermittlung des steuerbaren Einkommens). Haben die Genossenschaften sich infolge dieser gemeinsamen Steuerbestimmungen schon mit diesem Gesetz zu befassen, so müssen sich diejenigen Genossenschaften, die Arbeiter und Angestellte beschäftigen, auch noch um deswillen mit dem Gesetz befassen, weil die Entrichtung der Steuer für Angestellte usw. gemäß den §§ 43ff. in die Hände der Genossenschaften als Arbeitgeber gelegt ist.

II. Wer ist einkommensteuerpflichtig?

1. Unbeschränkte Steuerpflicht: Steuerpflichtig sind mit ihrem gesamten Einkommen

1. Deutsche, soweit sie sich nicht länger als zwei Jahre dauernd im Ausland aufhalten, ohne im Inland einen Wohnsitz zu haben.

   Beamte des Reichs oder der Länder und Militärpersonen, die ihren dienstlichen Wohnsitz im Ausland haben, sowie die in ihren Diensten stehenden Deutschen sind ohne Rücksicht auf die Dauer ihres Aufenthalts im Ausland einkommensteuerpflichtig, soweit sie an ihrem ausländischen Wohnsitz nicht zu einer entsprechenden direkten Steuer herangezogen werden. Wahlkonsuln gelten nicht als Beamte im Sinne dieser Vorschrift;

2. Nichtdeutsche, wenn sie im Deutschen Reiche einen Wohnsitz oder des Erwerbes wegen oder länger als sechs Monate ihren gewöhnlichen Aufenthalt haben. Wird die Steuerpflicht durch einen Aufenthalt von mehr als sechs Monaten begründet, so erstreckt sich die Steuerpflicht auch auf die ersten sechs Monate.

2. Beschränkte Steuerpflicht: Steuerpflichtig sind mit ihrem Einkommen aus inländischem Grundbesitz, inländischem Gewerbebetrieb und inländischer Erwerbstätigkeit

alle natürlichen Personen ohne Rücksicht auf Staatsangehörigkeit, Wohnsitz oder Aufenthalt.

§ 2. Das steuerbare Einkommen.

I. Die nachstehenden Erörterungen treffen auch für die Besteuerung juristischer Personen nach dem Körperschaftssteuergesetz zu.

II. Steuerbares Einkommen ist, soweit nicht anderes vorgeschrieben — die Ausnahmen sind also genau im Gesetz festgelegt —, der Gesamtbetrag der in Geld- und Geldeswert bestehenden Einkünfte nach Abzug der in dem Gesetz bestimmten Beträge (vgl. unten S. 12).

Zum steuerbaren Einkommen gehören Einkünfte aus:

Grundbesitz,
Gewerbebetrieb,
Kapitalvermögen,
Arbeit,
sonstigen Einnahmen, ohne Rücksicht darauf, ob es sich um einmalige oder wiederkehrende Einkünfte handelt, oder aus welchem rechtlichen oder tatsächlichen Grunde sie dem steuerpflichtigen zugeflossen sind.

Mit der letzteren Bestimmung des steuerbaren Einkommens verläßt das Reichseinkommensteuergesetz die sogenannte Quellentheorie zahlreicher alter Einkommensteuergesetze, jene Theorie, welche bestimmte, daß nur solche Einnahmen zur Steuer herangezogen werden sollen, die aus bestimmten fließenden Quellen herrühren. Das neue Gesetz folgt der sogenannten Schanzschen Steuertheorie.

III. Die einzelnen Einkommensteile:

1. Einkommen aus Grundbesitz (§ 6 des Gesetzes):

Diese Bestimmungen sind vor allem wichtig für die Besteuerung der Genossenschaften nach dem Körperschaftssteuergesetz. Es gehören zu diesem Einkommen:

a) die Einkünfte aus Miete und Pacht für vermietete oder verpachtete Grundstücke und Gebäude oder Gebäudeteile;

Dazu werden z. B. auch die Einkünfte der Baugenossenschaften gehören (näheres beim Körperschaftssteuergesetz).

b) der Wert der Nutzung einer Wohnung im eigenen Hause oder einer dem Steuerpflichtigen ganz oder zum Teil unentgeltlich überlassenen Wohnung einschließlich der zugehörigen sonstigen Räume, Gärten und Parkanlagen;

c) Einkünfte aus dem Betriebe der Land- und Forstwirtschaft und aus der sonstigen Bewirtschaftung von Grundstücken;

d) Einnahmen aus Grundrechten und Gefällen und aus solchen Berechtigungen, auf welche die Vorschriften des bürgerlichen Rechtes über Grundstücke Anwendung finden.

2. Zum Einkommen aus Gewerbebetrieb gehören (§ 7 des Gesetzes):

a) Einnahmen aus gewerblichen oder bergbaulichen Unternehmungen;

b) bei persönlich haftenden Gesellschaftern einer Kommanditgesellschaft auf Aktien die Tantiemen und Vergütungen sowie die Gewinnanteile dieser Gesellschafter, welche auf ihre nicht auf das Grundkapital gemachten Einlagen entfallen;

c) bei Gesellschaftern einer offenen Handelsgesellschaft, einer Kommanditgesellschaft oder einer anderen Erwerbsgesellschaft, bei der der Gesellschafter als Unternehmer (Mitunternehmer) des Betriebs anzusehen ist, ihr Anteil am Geschäftsgewinne zuzüglich etwaiger besonderer Vergütungen, die der Gesellschafter für Mühewaltungen im Interesse der Gesellschaft für deren Rechnung bezogen hat.

3. Zum Einkommen aus Kapitalvermögen gehören (§ 8 des Gesetzes):

(Diese Bestimmungen haben besondere Bedeutung, da das Einkommen aus Kapitalvermögen als sogenanntes fundiertes Einkommen mit der Kapitalertragssteuer vorbelastet wird. Die einzelnen des Kapitalvermögens sind mit einigen Abänderungen die gleichen wie im Kapitalertragssteuergesetz. Darüber vgl. unten § 14.

a) Dividenden, Zinsen, Ausbeuten und sonstige Gewinne, welche entfallen auf Aktien, Kuxe, Genußscheine sowie auf Anteile an Kolonialgesellschaften, an bergbautreibenden Vereinigungen, welche die Rechte einer juristischen Person haben, an Genossenschaften und an Gesellschaften mit beschränkter Haftung.

Als Einkommen rechnet daher auch die Kapitaldividende, die bei Genossenschaften verteilt wird (wegen der Warendividende vgl. weiter unten).

b) Einkünfte aus der Beteiligung an einem Handelsgewerbe als stiller Gesellschafter;

c) Zinsen von Anleihen, die in öffentlichen Schuldbüchern eingetragen oder über die Teilschuldverschreibungen ausgegeben sind;

d) Zinsen aus Kapitalforderungen jeder Art einschließlich der Zinsen aus Einlagen und Guthaben bei Sparkassen, Banken und anderen Kreditanstalten;

e) Zinsen von Hypotheken und Grundschulden, Renten von Rentenschulden.

Bei Tilgungshypotheken und Tilgungsgrundschulden gilt nur der Teil der Zahlung als Einkommen, der auf den jeweiligen Kapitalrest als Zins entrichtet wird;

f) vererbliche Rentenbezüge;

g) Diskontbeträge von Wechseln und Anweisungen einschließlich der Schatzwechsel, soweit es sich um Kapitalanlagen handelt.

h) Als Erträge aus Kapitalanlagen im Sinne des Gesetzes gelten auch besondere Entgelte oder Vorteile, die neben Kapitalerträgen der oben Ziff. a—g genannten Art oder an deren Stelle gewährt werden.

i) Soweit Kapitalerträge der oben Ziff. a—g bezeichneten Art in einem land- oder forstwirtschaftlichen, gewerblichen oder bergbaulichen Betrieb anfallen, gelten sie als Einkommen aus dem Betriebe der Land- oder Forstwirtschaft oder aus Gewerbebetrieb (vgl. unten).

Der letzte Absatz ist sehr wichtig.

k) Rückvergütungen und Warendividenden können nicht zu den Kapitalerträgen im Sinne des § 8 Abs. 1 oder 2 des Gesetzes gerechnet werden, da es sich dabei nicht um Einkommen aus Kapitalvermögen, sondern um zuviel gezahlte Kaufpreise handelt.

Der Reichsfinanzminister hat dazu bemerkt:

„Man müsse unterscheiden zwischen den Erträgnissen, welche aus der Kapitalbeteiligung als solcher erzielt würden, und den Rückvergütungen oder sonstigen Zahlungen, die sich nach der Höhe des von dem einzelnen Mitglied getätigten Umsatzes richten. Die Gewinne (Dividende usw.) auf das Kapital als solches seien in jedem Falle ein Teil des steuerpflichtigen Einkommens der Mitglieder. Die Rückvergütung auf die bezogenen Waren werde dem einzelnen Mitglied nicht in seiner Eigenschaft als Mitglied und nicht nach der Höhe seiner Kapitalbeteiligung gewährt, sondern die Rückvergütung sei die Zurückzahlung eines Teils des Kaufpreises für die bezogenen Waren; sie sei daher, soweit es sich nicht dabei um eine verschleierte Gewinnverteilung handle, kein steuerbares Einkommen. Bei den Produktivgenossenschaften liege der umgekehrte Fall vor: die Mitglieder erhalten für ihre Lieferungen an Milch usw. zunächst Abschlagszahlungen, und der endgültige Preis werde ihnen erst später gezahlt. Was der einzelne Genosse als Lieferant von Milch usw. empfange, sei Bruttoeinnahme in seinem Betrieb und komme bei Berechnung des steuerpflichtigen Einkommens zur Berechnung. Die Einnahme der liefernden Genossen, die sie als Vergütung für ihre gelieferte Milch usw. erhalten, sei nicht Kapitaleinkommen aus der Beteiligung an der Genossenschaft, sondern entweder Einkommen aus Grundbesitz oder als Einkommen aus Gewerbebetrieb anzusehen, letzteres wenn es sich nicht um einen unter § 6 Ziff. 4 fallenden Betrieb handle."

Angesichts der verschiedenartigen Behandlung der Warendividenden und Rückvergütungen in den alten Steuergesetzen war der ausdrückliche Antrag gestellt worden, daß im Anschluß an die Bestimmungen des § 8 Abs. 2 eingefügt würde:

„Mit Ausnahme der Rabatte und Rückvergütungen, die die Mitglieder der Genossenschaften von diesen erhalten."

Da der Unterstaatssekretär in den Beratungen betonte, daß die Rückvergütungen nicht als Einkommen angesehen werden sollen und die Aufnahme einer entsprechenden Bestimmung in die Ausführungsbestimmungen zusagte, wurde der Antrag daraufhin zurückgezogen. Es steht zu hoffen, daß den Ausführungsbestimmungen auch Rechtskraft gegenüber dem Gesetz zugebilligt wird.

4. Zum Einkommen aus Arbeit gehören (§ 9 des Gesetzes):

a) Gehälter, Besoldungen, Löhne, Tantiemen, Gratifikationen oder unter sonstiger Benennung gewährte Bezüge und geldwerte Vorteile der in öffentlichem oder in privatem Dienste angestellten oder beschäftigten Personen (Arbeitslohn);

b) Wartegelder, Ruhegehälter, Witwen- und Waisenpensionen und andere Bezüge oder geldwerte Vorteile für frühere Dienstleistung oder Berufstätigkeit.

Diese Arbeitseinkommen nach a und b gehören zu denen, auf die die Steuererhebungspflicht der Arbeitgeber sich bezieht (darüber vgl. § 6);

c) der Erwerb aus wissenschaftlicher, künstlerischer, schriftstellerischer, unterrichtender oder erziehender Tätigkeit, aus der Berufstätigkeit der Ärzte, Rechtsanwälte, Architekten, Ingenieure und der Ausübung anderer freier Berufe;

d) die Einnahmen aus einmaliger oder dauernder Tätigkeit jeder Art, insbesondere Vergütungen für Vermögensverwaltungen und für Vollstreckung von Testamenten, sowie Tantiemen und andere Vergütungen, welche den Mitgliedern der Verwaltung und des Aufsichtsrats von Aktiengesellschaften, Kommanditgesellschaften auf Aktien, Gesellschaften mit beschränkter Haftung, Genossenschaften und sonstigen Personenvereinigungen gewährt werden, bei denen der Steuerpflichtige nicht als Unternehmer (Mitunternehmer) anzusehen ist.

Hierunter fallen z. B. die Tantiemen von Aufsichtsratsmitgliedern, da diese nicht bereits unter a fallen. Mitglieder der Verwaltung sind im Sinne dieser Bestimmung nur diejenigen Vorstandsmitglieder, die nicht in der Verwaltung als Angestellte anzusehen sind.

5. Gleichgestellt sind den unter Nr. 1 bis 4 genannten Einkommensteile auch solche Einkünfte, die nach der Verkehrsauffassung den einzelnen Einkommensarten hinzuzurechnen sind. Es sollen also die wirtschaftlichen Verhältnisse entscheiden, ob ein steuerpflichtiges Einkommen vorliegt oder nicht (§ 10 des Gesetzes).

6. Zu den sonstigen Einnahmen gehören (§ 11 des Gesetzes):

a) Leibrenten, Leibgedinge, Zeitrenten und andere unvererbliche Renten;

b) Zuschüsse und sonstige Vorteile, einerlei ob sie auf einem Rechtsanspruch oder ohne Bestehen eines solchen auf freiwilliger Zuwendung beruhen. Ist die Zuwendung freiwillig oder zur Erfüllung einer gesetzlichen Unterhaltspflicht erfolgt, so hat der Empfänger die Einnahme nicht zu versteuern, wenn der Geber zu den nach § 2 Nr. I steuerpflichtigen Personen gehört.

Hierher würden z. B. die freiwilligen Unterstützungszuschüsse gehören die eine Genossenschaft einem hilfsbedürftigen Angestellten gibt, nicht aber auch die Teuerungszulagen, die als Teile des Gehalts zu gelten haben.

Die Unterscheidung wird wichtig mit Rücksicht auf die Einbehaltung des Steuerabzugs von 10 %, der hierbei nicht stattfindet.

c) Entschädigungen, die als Ersatz für entgehende Einnahmen gewährt werden;

d) Lotteriegewinne und ähnliche außerordentliche Einnahmen;

e) durch einzelne Veräußerungsgeschäfte erzielte Gewinne.

Die Bestimmungen über **sonstige Einnahmen** sind für Genossenschaften im negativen Sinne von Bedeutung. Die unter diese Rubrik fallenden Einnahmen werden bei einer Genossenschaft **niemals** zur Steuer herangezogen, z. B. nicht der Lotteriegewinn, der einer Genossenschaft anfällt oder der Gewinn, der durch den Verkauf eines Grundstücks (vgl. dazu unten unter Nr. 7) erzielt wird.

f) **Besonderes:** Verdienste, die erzielt werden bei **Hingabe der Kriegsanleihen** bei der Steuer und Gewinne, die durch die reichsgesetzlich zugelassene Hingabe von Kriegsanleihen zur Zahlung der Vermögenszuwachssteuer oder des Reichsnotopfers erzielt werden, gelten **nicht** als Einnahmen im Sinne des § 5.

Die inzwischen erlassenen Reichsgesetze über die Kriegsabgaben und das Reichsnotopfer hatten die Bestimmung getroffen, daß entsprechend der bei der Ausgabe der Kriegsanleihen gemachten Zusicherung diese an Zahlungs Statt zur Erfüllung der Steuerpflicht hingegeben werden können, und zwar zum Nennwerte, während sie in die Steuerbilanz nur mit dem Steuerwert eingesetzt werden können. Danach wird sich in diesen Fällen formell ein „Gewinn" ergeben. Es ist aber keineswegs angängig, diese rein auf dem Papier stehenden Gewinne als Einkommen zu versteuern.

Der Unterstaatssekretär erklärte sich hiermit im vollen Umfange einverstanden. Eine entsprechende Bestimmung brauche aber nicht im Gesetz getroffen werden, da die Hingabe dieser Wertpapiere zur Erfüllung der Steuerpflicht nicht unter die Vorschrift der Ziff. 5 des § 11 fallen solle. Das würde in die Ausführungsanweisungen aufgenommen werden. Dies ist wichtig für die Genossenschaften!

7. **Nicht steuerpflichtiges Einkommen:** § 12 des Gesetzes zählt eine große Zahl von Vermögensanfällen auf, die **nicht** als Einkommen im Sinne des Gesetzes zu gelten haben, z. B. Erbschaften und Schenkungen, die der Erbschaftssteuer unterliegen, Aussteuern und Ausstattungen, Bezüge aus einer Krankenversicherung.

a) **Nicht zum steuerpflichtigen Einkommen** gehören u. a. auch die Gewinne, die durch Veräußerung von Gegenständen erzielt worden sind, die nach § 8 des Besitzsteuergesetzes vom 3. Juli 1913 zum nicht steuerbaren Vermögen gehören, es sei denn, daß sie in der Absicht der Wiederveräußerung erworben worden sind.

b) **Nicht** zum steuerbaren Einkommen gehören Gewinne, die durch die **Veräußerung von Grundstücken** erzielt worden sind, es sei denn, daß die Grundstücke erst innerhalb der **letzten 10 Jahre** oder zum Zwecke der Wiederveräußerung erworben sind. Bei einem Erwerb vor dem 1. August 1914 gilt die 10jährige Frist als erfüllt. Der Gewinn aus dem Verkauf eines Grundstückes, das erst nach dem 1. August 1914 erworben ist, gilt bis 1924 als steuerpflichtiges Einkommen. Für Genossenschaften scheidet aber die Steuerpflicht von solchen Gewinnen **auf alle Fälle** aus, da die **sonstigen** Einkommen bei Genossenschaften nicht der Steuerpflicht unterliegen. Dies kann von besonderer Bedeutung für die Genossenschaften werden, die in den letzten Jahren und auch noch künftighin mit großem Gewinn bei Grundstücksverkäufen zu rechnen haben, die sie in früheren Jahren übernehmen mußten, und jetzt mit großem Gewinn abstoßen.

8. Zulässige Abzüge vom steuerpflichtigen Einkommen. Soweit in dem Reichseinkommensteuergesetz nichts anderes vorgeschrieben ist, kann von dem Gesamtbetrag der Einkünfte u. a. in Abzug gebracht werden (§ 13 des Gesetzes):

1. die zu ihrer Erwerbung, Sicherung und Erhaltung gemachten Aufwendungen (Werbungskosten). Zu den Werbungskosten gehören auch:
   a) Ertragsteuern sowie solche öffentlichen Abgaben und Beiträge zur Versicherung von Gegenständen, welche zu den Geschäftsunkosten oder Verwaltungskosten zu rechnen sind;

Hier können also die Gewerbesteuern abgesetzt werden, nicht aber auch die außerordentliche Kriegsabgabe für das Rechnungsjahr 1919.

   b) die jährlichen, den Verhältnissen entsprechenden Abschreibungen für Wertverminderung von Gebäuden, von Be- und Entwässerungs- und fischereiwirtschaftlichen Anlagen, von Maschinen und von beweglichem Betriebsinventare, soweit nicht die Kosten für die Ersatzbeschaffung als Werbungskosten in Abzug gebracht werden;

Was im einzelnen Fall als zulässige Abschreibung angesehen werden kann, ist genau zu prüfen. Es haben sich bereits in der bisherigen Rechtsprechung gewisse Grundsätze über die Höhe der zulässigen Abschreibungen herausgebildet, die auch jetzt noch maßgebend sind.

Bei Gebäuden ist z. B. zu beachten, daß Gebäude, bei denen die Herstellungskosten über den gemeinen Wert hinausgehen, auf ihren wirklichen Wert gleich abgeschrieben werden können. Wichtig ist dies für Baugenossenschaften, die mit Überteuerungszuschüssen gebaut haben.

Auf Forderungen können gleichfalls Abschreibungen vorgenommen werden. Es war beantragt worden, hier einzufügen, daß abzugsfähig sind: „bei Banken, Kreditgenossenschaften und sonstigen Kreditunternehmungen Rückstellungen auf die Außenstände, soweit solche nach den Grundsätzen kaufmännischer Sorgfalt notwendig sind".

Der Unterstaatssekretär erklärte auch diesen Antrag für überflüssig. Der Unternehmer brauche alle Forderungen nur mit ihrem wirklichen Wert einzustellen. Selbstverständlich könne er statt dessen auch die Außenstände mit ihrem Nennbetrage in die Bilanz einstellen und dagegen ein Rückstellungskonto für zweifelhafte Außenstände oder ein Delkredrekonto einrichten. Das sei durch den Entwurf vollständig gedeckt.

   c) Das Gesetz stellt noch weitere Beispiele auf, die als Werbungskosten anzusehen sind (vgl. § 13 Nr. c bis e des Gesetzes).

2. die von dem Steuerpflichtigen gezahlten Schuldzinsen und die auf besonderem privatrechtlichen, öffentlich-rechtlichen oder gesetzlichen Verpflichtungsgrunde beruhenden Renten und dauernden Lasten, soweit sie nicht mit Einnahmen im wirtschaftlichen Zusammenhang stehen, die bei der Veranlagung außer Betracht zu lassen sind. Auf-

wendungen zur Erfüllung einer gesetzlichen Unterhaltspflicht sind nicht abzugsfähig, auch wenn sie auf Grund einer privatrechtlichen Verpflichtung erfolgen.

Als abzugsfähige Schuldzinsen sind dann weiter noch anerkannt:

a) bei der Tilgungsrente (§ 31 Abs. 1 des Gesetzes über das Reichsnotopfer vom 31. Dezember 1919, RGBl. S. 2189) fünf vom Hundert des ursprünglich geschuldeten oder nach einer Teilzahlung verbliebenen Abgabebetrags, die sich nach zehn Jahren und weiter alle fünf Jahre um eins vom Hundert vermindern;

b) beim Reichsnotzins (§ 33 des bezeichneten Gesetzes) fünf vom Hundert des Abgabebetrags, die sich nach fünfzehn Jahren und weiter alle zehn Jahre um eins vom Hundert vermindern.

Letztere Bestimmungen sind wichtig, wo Genossenschaften z. B. Reichsnotopfer zu zahlen haben.

c) § 13 regelt weiter unter Nr. 3 bis 5 noch die Abzugsfähigkeit von Beiträgen bei physischen Steuerpflichtigen zur Kranken-, Unfallversicherung usw. und Sterbekassen.

d) Abzugsfähig sind auch die Beiträge zu öffentlich-rechtlichen Berufs- oder Wirtschaftsvertretungen sowie Berufsverbände ohne öffentlich-rechtlichen Charakter, deren Zweck nicht auf einem Wirtschaftlichen Geschäftsbetrieb gerichtet ist.

Hierher fallen z. B. die Beiträge der Genossenschaften zu den Revisions- und Zentralverbänden.

e) Beiträge an kulturfördernde, mildtätige, gemeinnützige und politische Vereinigungen, soweit ihr Gesamtbetrag zehn vom Hundert des Einkommens des Einkommensteuerpflichtigen nicht überschreitet;

f) bei einzelnen Veräußerungsgeschäften (§ 11 Nr. 5) erlittene Verluste, es sei denn, daß im Falle der gewinnbringenden Veräußerung der Gewinn nicht zum steuerbaren Einkommen gehören würde (§ 12 Nr. 12, 13).

g) Besonders zu beachten ist die Bestimmung, daß die Aufwendungen nur insoweit abzugsfähig sind, als sie mit dem steuerbaren Einkommen im wirtschaftlichen Zusammenhang stehen.

Genossenschaften, die nur mit gewissen Teilen ihres Einkommens zur Steuer herangezogen werden, können nur diejenigen Aufwendungen absetzen, die sich gerade auf diese Einkommensteile erstrecken, z. B. auf den Grundbesitz die Abschreibungen auf Gebäude.

h) Nicht abgesetzt können werden (§ 15 des Gesetzes):

a) Aufwendungen zur Verbesserung und Vermehrung des des Vermögens, zu Geschäftserweiterungen, zu Kapitalanlagen, zur Schuldentilgung oder zu Ersatzbeschaffungen, soweit hierfür bereits Werbungskosten abgesetzt sind;

b) Zinsen für das in dem land- oder forstwirtschaftlichen oder gewerblichen Betrieb angelegte eigene Vermögen des Steuerpflichtigen.

§ 3. Ermittlung des steuerpflichtigen Einkommens.

I. Die gesetzlichen Bestimmungen über die Ermittlung des steuerpflichtigen Einkommens sind von besonderer Bedeutung auch für das Körperschaftssteuergesetz. Sie bilden die Grundlage, nach denen die Einkommen aus den einzelnen steuerpflichtigen Einkommensteilen ermittelt werden sollen. Nachstehend kommen nur die Bestimmungen über diejenigen Einkommensteile zur Darstellung, die nach dem Körperschaftssteuergesetz für Genossenschaften in Frage kommen können. Es scheiden damit vor allem auch die Ermittlungsgrundsätze für Einkommen aus sonstigen Einnahmen insonderheit über die Gewinne aus einzelnen Veräußerungsgeschäften aus (§ 11 Nr. 5 und § 35 des Gesetzes, oben § 2 III 6).

II. Ermittlung des Einkommens aus Grundvermögen:

1. Das Einkommen aus Grundstücken und Gebäuden, welche verpachtet oder vermietet sind, ist nach dem Pacht- oder Mietzins zu ermitteln unter Hinzurechnung der dem Pächter oder Mieter zum Vorteil des Verpächters oder Vermieters obliegenden Natural- oder sonstigen Nebenleistungen sowie der dem Verpächter oder Vermieter vorbehaltenen Nutzungen, anderseits unter Abrechnung der dem letzteren obliegenden abzugsfähigen Lasten.

Für Gebäude und Gebäudeteile, die von dem Eigentümer selbst bewohnt oder in sonstiger Weise benutzt werden, oder die dem Steuerpflichtigen zu unentgeltlicher Benutzung überlassen sind, ist das Einkommen nach dem ortsüblichen Mietwert zu bemessen. Soweit Gebäude oder Gebäudeteile vom Eigentümer oder Nutznießer zum Betriebe der Land- oder Forstwirtschaft, zum Gewerbebetrieb oder zur Ausübung eines sonstigen Berufs benutzt werden, ist der Mietwert weder bei Berechnung des Einkommens noch bei Berechnung der Betriebskosten zu berücksichtigen.

Letztere Bestimmung gilt vor allem für Genossenschaften, die eigene Geschäftsräume haben.

2. Die nachstehenden Bestimmungen über selbstbewirtschafteten Grundbesitz können in Frage kommen für die jetzt vielfach entstehenden Siedlungs- und Arbeitsgenossenschaften, die als Zweck der Genossenschaft die gemeinsame Bewirtschaftung des Grundbesitzes gleichzeitig mit dem Ziel der Siedlung vorgesehen haben.

Als steuerbares Einkommen aus selbstbewirtschaftetem Grundbesitze kommt der gesamte land- und forstwirtschaftliche Betriebsgewinn in Ansatz. Der Betriebsgewinn ist durch Vergleich der Betriebseinnahmen und der Betriebsausgaben unter Berücksichtigung des Unterschieds in dem Stande und Werte der Wirtschaftserzeugnisse, Waren und Vorräte des Betriebs sowie des beweglichen Anlagekapitals am Schlusse des Wirtschaftsjahrs gegenüber deren Stande und Werte am Anfang desselben festzustellen. Den Betriebseinnahmen ist der Wert der Gegenstände, Ausbeuten oder Dienstleistungen hinzuzurechnen, die der Steuerpflichtige bei Bewirtschaftung des Grundbesitzes für sich und seinen Haushalt oder für andere Zwecke entnommen hat, die außerhalb des Betriebs liegen.

Als Wert der Wirtschaftserzeugnisse, Waren und Vorräte des Betriebs sowie des beweglichen Anlagekapitals ist der gemeine Wert in Ansatz zu bringen. Soweit ein Anschaffungs- oder Herstellungspreis gegeben ist und dieser hinter dem gemeinen Werte zurückbleibt, ist der Steuerpflichtige berechtigt, statt des gemeinen Wertes den Anschaffungs- oder Herstellungspreis anzusetzen. In diesem Falle ist der für den Schluß eines Wirtschaftsjahrs in Ansatz gebrachte Anschaffungs- oder Herstellungspreis als Wert der betreffenden Gegenstände am Anfang des folgenden Wirtschaftsjahrs in Ansatz zu bringen.

Werden von dem Steuerpflichtigen über den Betrieb der Land- oder Forstwirtschaft geordnete, den Reinertrag nachweisende Bücher geführt, so sind die Abschlüsse dieser Bücher als Grundlage für die Ermittlung des Betriebsgewinns zu verwenden.

Das Einkommen aus dem pachtweisen Betriebe der Land- und Forstwirtschaft ist in gleicher Weise zu ermitteln, wie beim Betrieb auf eigenem Grund und Boden, unter Hinzurechnung des Mietwerts der mitgepachteten Wohnung. Der Pachtzins einschließlich des Wertes der etwa dem Pächter obliegenden Natural- oder sonstigen Nebenleistungen ist in Abzug zu bringen (§ 32 des Gesetzes).

III. Ermittlung des Einkommens aus Gewerbebetrieb.

Als steuerbares Einkommen aus dem Betrieb eines Gewerbes oder des Bergbaues kommt der Geschäftsgewinn in Ansatz. Der Geschäftsgewinn ist durch Vergleich der Betriebseinnahmen und der Betriebsausgaben unter Berücksichtigung des Unterschieds in dem Stande und Werte der Erzeugnisse, Waren und Vorräte des Betriebs sowie des beweglichen Anlagekapitals am Schlusse des Geschäftsjahrs gegenüber deren Stande und Werte am Anfang desselben festzustellen. Den Geschäftseinnahmen ist der Wert der Gegenstände, Ausbeuten und Dienstleistungen hinzuzurechnen, die der Steuerpflichtige aus dem Betriebe seines Gewerbes für sich und seinen Haushalt oder für andere Zwecke entnommen hat, die außerhalb des Betriebs liegen. Die Vorschriften des § 32 Abs. 2 finden entsprechende Anwendung (oben unter 2).

Bei Steuerpflichtigen, welche Handelsbücher nach den Vorschriften des Handelsgesetzbuchs führen, ist der Geschäftsgewinn unter Beachtung der Vorschriften des § 15 (oben § 2 III) nach den Grundsätzen zu berechnen, wie sie für die Inventur und Bilanz durch das Handelsgesetzbuch vorgeschrieben sind.

Für **Genossenschaften** ist maßgebend der Absatz 2, da die Genossenschaften zur Führung von **Handelsbüchern** verpflichtet sind. Über die Bedeutung dieser Bestimmung läßt sich die Begründung des Entwurfs des Gesetzes wie folgt aus:

Die sich in fast allen Einkommensteuergesetzen findende Vorschrift, daß bei Steuerpflichtigen, welche Handelsbücher nach den Vorschriften der §§ 38 ff. des Handelsgesetzbuches führen, für die Berechnung des gewerblichen Einkommens die Bilanz zugrunde zu legen ist, wurde aufgenommen, weil die Steuerveranlagung bei Einkommen aus Handel und Gewerbe in den ordentlichen Geschäftsbilanzen und Gewinn- und Verlustrechnungen wird jeder einzelne Betriebsvorgang gebucht; hier ist die Kontrolle also am ehesten gegeben. Die Bilanzierenden werden das Recht, dabei von den Grundsätzen des Handelsgesetzbuches abzuweichen, nur insofern in Anspruch nehmen dürfen, als nicht Rechte Dritter dadurch berührt werden. Dritte können sowohl die Kreditgeber als der Staat in seiner Eigenschaft als Steuergläubiger sein. Jene haben Anspruch darauf, daß das Vermögen nicht zu hoch erscheint, daß ihnen nicht ein Vermögen vorgespiegelt wird, das der den Kredit Fordernde nicht oder nicht in dieser Höhe besitzt. Der Staat wiederum hat Anspruch darauf, daß seine Steuerforderung nicht durch Abschreibungen über die Höhe der wirklichen Wertminderung hinaus geschädigt werden. Um derartige übermäßige Abschreibungen zu verhindern, hat der Entwurf die Bezugnahme auf die sonstigen Gebräuche eines ordentlichen Kaufmanns, die sich neben der Bezugnahme auf die Inventuren und Bilanzen in fast allen Einkommensteuergesetzen findet, die auch in die Ausführungsbestimmungen zum Kriegssteuergesetze vom 21. Juni 1916 und zum Gesetz über eine einmalige außerordentliche Kriegsabgabe für das Rechnungsjahr 1918 vom 26. Juli 1918 übernommen war, und die den Kaufleuten ganz besonders Veranlassung gegeben hat, ihre Berechtigung zu über die wirkliche Wertminderung hinausgehenden Abschreibungen geltend zu machen, fortgelassen. In den meisten Einkommensteuergesetzen findet sich dann noch die Bestimmung, daß die kaufmännischen Bilanzen nur unter Beachtung der Vorschrift über die Abzüge und über das nichtsteuerbare Einkommen (Erbschaften, Vermächtnisse, Schenkungen, Lebensversicherungspolicen usw.) maßgebend sind. Diese an sich selbstverständliche Bestimmung geht jedoch nicht weit genug. Die Zugrundelegung der Bilanz bedeutet letzten Endes auch nichts anderes wie die Gegenüberstellung der Einnahmen und Ausgaben unter Berücksichtigung der Bestände am Anfang und am Schlusse einer Rechnungsperiode und die Versteuerung der Buchkaufleute findet an sich nach den gleichen Vorschriften und Regeln statt, wie diejenige der Kaufleute ohne Buchführung. Deshalb ist in dem Entwurf in Anlehnung an das bayerische Einkommensteuergesetz bestimmt, daß für die Berechnung des Geschäftsgewinns die Grundsätze, wie sie für die Inventur und Bilanz durch das Handelsgesetzbuch vorgeschrieben sind, nur so weit maßgebend sind, als sie nicht mit den Vorschriften des Entwurfs in Widerspruch stehen.

IV. Ermittlung des Arbeitseinkommens: Von den maßgebenden Bestimmungen interessieren hier folgende:

Die aus öffentlichen Kassen gewährten Aufwandsentschädigungen, Tagegelder und Reisekosten bleiben außer Berechnung.

Bei Ermittlung des steuerbaren Einkommens der in privaten Dienst- oder Auftragsverhältnissen stehenden Personen sind die Entschädigungen, welche nach ausdrücklicher Vereinbarung zur Bestreitung des durch den Dienst oder Auftrag veranlaßten Aufwandes gewährt werden, insoweit außer Ansatz zu lassen, als ihr Betrag den erforderlichen Aufwand nicht übersteigt.

V. Allgemeine Bestimmungen:

a) Für die Frage, ob ein Einkommensbetrag vereinnahmt wurde, ist es ohne Bedeutung, ob der Betrag dem Steuerpflichtigen tatsächlich bereits zugeflossen ist oder noch geschuldet wird. Rückständige Einnahmen sind insoweit abzusetzen, als ihr Eingang zweifelhaft geworden ist; sie sind den Einnahmen des Kalenderjahres zuzurechnen, in dem sie einbringlich werden (§ 36 des Gesetzes).

b) Geldwerte Einkommensteile, wie Naturalien, Waren, Genuß von Rechten und Gütern, Wohnung, Kost, Ausbeuten und verwertete Dienstleistungen sind — soweit nichts anderes bestimmt ist — nach den ortsüblichen Mittelpreisen anzusetzen (§ 37 des Gesetzes).

c) Ausgaben, soweit sie nach den Vorschriften dieses Gesetzes abzugsfähig sind, kommen mit dem Betrag in Abzug, den der Steuerpflichtige zu ihrer Bestreitung tatsächlich aufzuwenden hatte, auch wenn sie noch rückständig sind (§ 38 des Gesetzes).

§ 4. Steuertarif und Steuerveranlagung.

I. Der Steuertarif bewegt sich zwischen 10 und 60% des steuerpflichtigen Einkommens. Gewisse Mindesteinkommen sind steuerfrei. Berücksichtigung besonderer wirtschaftlicher Verhältnisse, die die Leistungsfähigkeit des Steuerpflichtigen beeinträchtigen, kommen in Betracht (§ 26 des Gesetzes).

II. Veranlagung: Die Veranlagung erfolgt jeweils für ein Rechnungsjahr, und zwar nach dem steuerpflichtigen Jahreseinkommen, das der Steuerpflichtige in dem dem Rechnungsjahr unmittelbar vorangegangenen Kalenderjahre bezogen hat.

An Stelle des Kalenderjahres tritt für die Feststellung des Einkommens aus Gewerbe und Bergbau sowie aus Land- und Forstwirtschaft das Wirtschafts- (Betriebs-) jahr, falls der Steuerpflichtige ein vom Kalenderjahr abweichendes Wirtschafts- (Betriebs-) Jahr angenommen hat. Als der Veranlagung unmittelbar vorangegangen gilt das letzte Wirtschafts- (Betriebs- Jahr, dessen Ergebnisse zur Zeit der Veranlagung festgestellt werden können. Die Reihenfolge der Wirtschafts- (Betriebs-) Jahre darf nicht unterbrochen werden. Liegt bei der Veranlagung noch kein Abschluß vor, so kann das Ergebnis im Wege der Schätzung ermittelt und ein vorläufiger Steuerbescheid erteilt werden. Die Veranlagung ist zu berichtigen, sobald der Abschluß vorliegt.

§ 5. Steuererklärung und Steuerentrichtung.

I. Steuererklärung:

1. Zur Abgabe einer Einkommensteuererklärung sind alle Personen, deren steuerbares Einkommen in dem nach § 29 maßgebenden Kalenderjahre den Betrag von dreitausend Mark überstiegen hat, nach näherer Anordnung des Reichsministers der Finanzen verpflichtet.

Wer mit dem Beginn oder im Laufe eines Rechnungsjahrs steuerpflichtig wird, hat innerhalb von drei Monaten nach Beginn der Steuerpflicht eine Steuererklärung einzureichen, sofern sein Jahreseinkommen voraussichtlich den Betrag von dreitausend Mark übersteigt.

2. Wer Personen gegen Gehalt, Lohn oder sonstiges Entgelt länger als zwei Monate beschäftigt hat, ist verpflichtet, nach näherer Anordnung des Reichsministers der Finanzen Namen, Stellung und Wohnung sowie das von ihm herrührende Einkommen dieser Personen dem Finanzamt mitzuteilen.

Die gleiche Verpflichtung besteht für die Vorstände juristischer Personen und von Vereinen aller Art sowie für die Vorstände aller Stellen, Behörden und Anstalten des öffentlichen Dienstes hinsichtlich des Berufs- oder Pensionseinkommens ihrer Beamten, Angestellten, Bediensteten sowie der Empfänger von Ruhegehältern, Witwen- und Waisenpensionen oder Unterhaltsbeiträgen.

Diese Bestimmung ist auch für Genossenschaften wichtig. Sie bildet eine Ergänzung zu dem Steuerabzugsverfahren, zu dem sie bei dem Einkommen ihrer Angestellten verpflichtet ist (vgl. § 6, 2).

II. Steuerentrichtung: Die Steuerentrichtung ist die gleiche geblieben wie bisher. Geändert ist nur das Steuerentrichtungsverfahren bei Arbeitern und Angestellten.

§ 6. Die Genossenschaften und die Steuer ihrer Angestellten.

I. Neu eingeführt hat das Reichseinkommensteuergesetz die Steuererhebung bei allen Arbeitnehmern.

Arbeiter und Angestellte in öffentlichen und privaten Diensten haben die Steuer in der Weise zu entrichten, daß der Arbeitgeber von sich aus die Einbehaltung der Steuer vornimmt und die Abführung in die Staatskasse vorzunehmen hat. Es bedeutet dies die Erhebung der Steuer an der Quelle. § 45 des Gesetzes bestimmt:

Der Arbeitgeber hat nach näherer Anordnung des Reichsministers der Finanzen bei der Lohnzahlung zehn vom Hundert des Arbeitslohnes zu Lasten des Arbeitnehmers einzubehalten und für den einbehaltenen Betrag Steuermarken in die Steuerkarte (§ 46) des Arbeitnehmers einzukleben und zu entwerten.

Weiter bestimmt § 51, daß die Bestimmungen des § 45 auch für die sonstigen Fälle des § 9 Nr. 1 und 3 des Gesetzes gelten.

II. Welche Personen werden davon betroffen?

1. Getroffen wird das Einkommen aus Arbeit, das aus einem Dienstverhältnis gezogen wird. Es werden davon erfaßt gemäß § 45 in Verbindung mit § 51 des Gesetzes:

Gehälter, Besoldungen, Löhne, Tantiemen, Gratifikationen oder unter sonstiger Benennung gewährte Bezüge und geldwerte Vorteile der öffentlichen oder in privatem Dienste angestellten oder beschäftigten Personen (Arbeitslohn). Ferner Wartegelder, Ruhegehälter, Witwen- und Waisenpensionen und andere Bezüge oder geldwerte Vorteile für frühere Dienstleistung oder Berufstätigkeit. Die Ausführungsbestimmungen sind während der Drucklegung dieses Heftes ergangen. (ZentrBl. f. d. D. Reich 1920, Nr. 27, S. 832).

2. Für Genossenschaften kommt das Abzugsverfahren demgemäß in Frage für alle Gehälter, die sie an ihre Angestellten zahlen. Zweifelhaft kann sein, ob auch die Gehälter der Vorstandsmitglieder darunter fallen, da sie zugleich gesetzliche Vertreter sind. Nach den Ausführungen im Ausschuß der Nationalversammlung ist allerdings anzunehmen, daß auch die Gehälter der Vorstandsmitglieder darunter fallen. Auch an den in der

Form von Tantiemen gewährten Gehältern ist ein 10prozentiger Abzug zu machen. Das gleiche gilt auch von den Weihnachtsgratifikationen, Teuerungszulagen usw.

Gelegentliche Unterstützungen, Beiträge, die an bedürftige Angestellte und Arbeiter gegeben werden und die an sich zu dem steuerpflichtigen Einkommen der betreffenden Person gehören (vgl. oben unter besondere Einkünfte) fallen nicht hierunter, da sie keine Vergütung für eine Arbeitsleistung darstellen.

Die Naturalleistungen von Genossenschaften an ihre Angestellten (z. B. Dienstwohnungen, Arbeiterwohnungen, Unterkunft) werden nach den ortsüblichen Mittelpreisen angesetzt und rechnen mit zu dem Arbeitseinkommen. Auch für den Wert dieser ist ein entsprechender Abzug zu machen.

Auch die Leistungen von Ruhegehältern aus Pensionsfonds der Genossenschaften an frühere Angestellte oder deren Angehörige unterliegen dem Steuerabzugsverfahren, nicht aber die Leistungen aus Pensionskassen usw., die selbständige Rechtspersönlichkeit haben, z. B. nicht die Leistungen aus der Versorgungskasse des Allgemeinen Verbandes.

Für sonstige Wartegelder, Ruhegelder, Witwen- und Waisenpensionen entfällt die Einbehaltung der Steuer, wenn der Jahresbetrag dieser 1500 M. nicht übersteigt (Ausführungsverordnung).

Auf die Dauer des Dienstverhältnisses kommt es zunächst nicht an. Also auch für zeitweise beschäftigte Angestellte und Hilfsarbeiter sind bei der Lohnzahlung 10% einzubehalten. Doch wird hierüber der Reichsfinanzminister noch nähere Anordnungen treffen. Der Entwurf sah eine Einschränkung bei Arbeitsverhältnissen vor, die länger als eine Woche dauerten. Die Beschränkung ist im Gesetz gefallen.

Ob der Vorstand einer Genossenschaft die Tätigkeit haupt- oder nebenamtlich ausübt, macht keinen Unterschied. Auch das ehrenamtliche Vorstandsmitglied, das nur eine Tantieme bezieht, fällt darunter, da er gleichfalls zweifellos Angestellter im Sinne des § 9 Nr. 1 des Gesetzes ist. Die Tantieme an Aufsichtsratsmitglieder fällt nicht unter das Steuerabzugsverfahren, da sie zu dem Einkommen gemäß § 9 Nr. 4 gehören.

III. Die Durchführung des Steuerabzugsverfahrens: Vom Lohn sind 10% in Abzug zu bringen und dafür Steuermarken zu erwerben, die in eine Steuerkarte des Arbeitnehmers usw. eingeklebt und entwertet werden. Dieses Verfahren deckt sich mit dem der Erhebung der Beiträge zur Invalidenversicherung. Der Reichsfinanzminister kann ein von diesem Verfahren abweichendes Verfahren zulassen. Gedacht ist dabei vor allem an das Lohnlistenverfahren. Weiter ist in Aussicht genommen bei Lohn- und Gehaltszahlungen über 500 M. im größeren Umfange das Überweisungsverfahren statt der Steuermarken und des Klebeverfahrens zuzulassen. Nähere Bestimmungen sind in den Ausführungsbestimmungen jetzt erfolgt.

1. Der Arbeitnehmer und alle, die dem Steuerabzugsverfahren unterliegen, sind verpflichtet, sich vor Beginn eines jeden Kalenderjahrs oder vor Beginn eines Dienstverhältnisses von der Gemeindebehörde ihres Wohn-

oder Beschäftigungsorts eine Steuerkarte ausstellen zu lassen und diese Steuerkarte dem Arbeitgeber bei jeder Lohnzahlung zum Einkleben und Entwerten der Steuermarken vorzulegen.

2. Der Arbeitnehmer hat dem Arbeitgeber auf Verlangen eine schriftliche Bescheinigung über den empfangenen Lohn, den nach § 45 einbehaltenen Betrag und den Wert der von dem Arbeitgeber in der Steuerkarte eingeklebten und entwerteten Steuermarken zu geben.

3. Der Arbeitgeber haftet dem Reiche für die Einbehaltung und Entrichtung des im § 45 bestimmten Betrags neben dem Arbeitnehmer als Gesamtschuldner.

4. Die Steuerkarte:

a) Der Arbeitnehmer kann die in seiner Steuerkarte und in den Steuerkarten solcher Haushaltungsangehörigen, deren Einkommen ihm zuzurechnen ist, eingeklebten und entwerteten Steuermarken unter Abgabe des entsprechenden Teiles der Steuerkarte spätestens innerhalb der nächsten drei Kalendervierteljahre auf die von ihm zu entrichtende Einkommensteuer an Zahlungs Statt hingeben.

Übersteigt der Wert der nach Abs. 1 hingegebenen Steuermarken den zu zahlenden Steuerbetrag, so hat das Finanzamt den überschüssigen Betrag dem Steuerpflichtigen sofort nach der endgültigen Veranlagugg in bar zu erstatten.

b) Verlorene, unbrauchbar gewordene oder zerstörte Steuerkarten werden ersetzt. Die in solchen Karten nachweisbar eingeklebten und entwerteten Steuermarken werden ihrem Werte nach auf die Steuerschuld angerechnet; eine bare Herauszahlugg findet in diesen Fällen nicht statt.

IV. Die Erhebung der Steuer in dieser Form hat am 25. Juni 1920 zu erfolgeu. Gerade zu diesem Verfahren sind noch zahlreiche Anordnungen des Reichsfinanzministers notwendig. Die Genossenschaften werden vor allem dort, wo eine große Zahl von Angestellten beschäftigt wird, mit einer erheblichen Mehrarbeit belastet, die sie aber im eigenen Interesse und Rücksicht mit auf die Haftung für den Eingang der Steuerbeträge und mit Rücksicht auf das allgemeine Interesse übernehmen müssen.

Zweiter Titel.

Das Körperschaftssteuergesetz.

§ 7. Wer ist steuerpflichtig?

I. Das Körperschaftssteuergesetz vom 30. März 1920 (RGBl. 1920 Nr. 60 S. 393) ist gleichzeitig mit den anderen direkten Steuergesetzen (Reichseinkommensteuer, Kapitalertragssteuer) angenommen worden. Es ist mit dem 31. März 1920 in Kraft getreten. Es ist die Ergänzung zum Reichseinkommensteuergesetz, da es die Besteuerung der juristischen Personen und der ihnen gleichgestellten Wirtschaftsgebilde regelt.

Für die Genossenschaften bleibt es das wichtigste Gesetz von allen neuen Steuergesetzen, da es durch die alljährliche Wiederder Körperschaftssteuer eine dauernde Belastung der Genossenschaften mit sich bringt.

1. Der Entwurf des Körperschaftssteuergesetzes war für die Genossenschaften sehr ungünstig. Der Entwurf sah nur eine Erleichterung vor für Konsumvereine und Einkaufsgenossenschaften. Für die eigenartige Rechtskonstruktion der Genossenschaften hat der Entwurf kein Verständnis. Während er sich in der Begründung ausführlich über Versicherungsvereine auf Gegenseitigkeit ausließ, brachte er wenige und dabei vollständig schiefe Gesichtspunkte für die Genossenschaften. Bei Konsumvereinen und Einkaufsgenossenschaften ging der Entwurf auf der anderen Seite soweit, ausdrücklich die für die Warendividende verwandten Beträge als Einkommen der Genossenschaft zu bezeichnen, entgegen der mühsam errungenen Rechtsprechung des preußischen Oberverwaltungsgerichts. § 3 des Entwurfs bestimmte:

> „Soweit in diesem Gesetz nichts anderes vorgeschrieben ist (§ 5), unterliegt der Steuer der Gesamtbetrag der in Geld- oder Geldeswert bestehenden Einkünfte (steuerbares Einkommen). Bei den Erwerbs- und Wirtschaftsgenossenschaften, die der gemeinschaftlichen Verwertung der eigenen Erzeugnisse der Genossen oder dem gemeinschaftlichen Einkauf von Waren ausschließlich für die Genossen dienen, und anderen gleiche Zwecke verfolgenden rechtsfähigen und nichtrechtsfähigen Personenvereinigungen gelten die Geldbeträge, die unter die Mitglieder verteilt werden, als steuerbar, auch soweit sie nicht unter die Vorschrift von Satz 1 fallen."

Die Erleichterung, die der Entwurf den Konsumvereinen und Einkaufsgenossenschaften auf der anderen Seite zusagte, war die Bestimmung:

> „Bei den Versicherungsvereinen auf Gegenseitigkeit und den Erwerbs- und Wirtschaftsgenossenschaften, die der gemeinschaftlichen Verwertung der eigenen Erzeugnisse der Genossen oder dem gemeinschaftlichen Einkauf von Waren ausschließlich für die Genossen dienen, beschränkt sich die Steuerpflicht auf die Einkünfte aus Grundbesitz, Kapitalvermögen und Gewerbebetrieb."

Daß diese Stellungnahme der Regierung bei der Anerkennung der Genossenschaften als gemeinwirtschaftliche Betriebe nicht aufrechterhalten werden konnte, war sicher. Es ist dann auch den eifrigen Bemühungen des Freien Ausschusses der deutschen Genossenschaftsverbände gelungen, der Rechtsnatur der Genossenschaften mehr Rechnung tragende Bestimmungen in das Gesetz hineinzubekommen.

2. Mit den Bestimmungen des Gesetzes hat sich jeder Genossenschafter genau vertraut zu machen. Leider bieten zahlreiche Bestimmungen des Gesetzes noch zu umfangreichen Zweifelsfragen Raum. So wird vor allem der Rechtsbegriff „Genossenschaften, die mit ihrem Geschäftsbetrieb über den Kreis der Mitglieder hinausgehen", wie schon bisher eine zahlreiche Rechtserörterung notwendig machen.

II. Wer ist nach dem Gesetz steuerpflichtig?

1. Der Körperschaftssteuer unterliegen mit dem Einkommen:

a) juristische Personen des öffentlichen und des bürgerlichen Rechts sowie alle Berggewerkschaften.

Es fallen darunter somit auch alle Erwerbs- und Wirtschaftsgenossenschaften, Gesellschaften mit beschränkter Haftung, Aktiengesellschaften, Vereine usw.

b) nichtrechtsfähige Personenvereinigungen, Anstalten und Stiftungen und andere Zweckvermögen, soweit ihr Einkommen nicht unmittelbar nach diesem Gesetz oder nach dem Einkommensteuergesetz bei einem anderen Steuerpflichtigen steuerbar ist.

Hierunter fallen z. B. auch die nicht eingetragenen Genossenschaften, auf die die Bestimmungen des Bürgerlichen Gesetzbuchs über Gesellschaften Anwendung finden, z. B. die Arbeitergenossenschaften, Kameradschaften. Es fallen auch darunter Pensionskassen, die ohne eine Rechtspersönlichkeit zu bilden, eine wirtschaftliche Selbständigkeit besitzen.

c) Liegt der Sitz und der Ort der Leitung im Ausland, so beschränkt sich die Steuerpflicht auf das Einkommen aus inländischem Grundbesitz und aus einem Gewerbebetriebe, für den im Inland eine Betriebsstätte unterhalten wird.

2. Von der **Körperschaftssteuer** sind u. a. **befreit**:

a) das Reich, die Länder, die Gemeinden (Gemeindeverbände), die Unternehmungen, deren Erträge ausschließlich dem Reiche, den Ländern, den Gemeinden (Gemeindeverbänden) zufließen, die Reichsbank und die Staatsbanken;

b) Universitäten, Hochschulen und ähnliche Anstalten und Gesellschaften, ferner solche Anstalten, die im Falle der Unzulänglichkeit der eigenen Mittel vom Reiche, von den Ländern, den Gemeinden (Gemeindeverbänden) dauernd ganz oder teilweise unterhalten, und Stiftungen, deren Zwecke im Falle der Unzulänglichkeit der eigenen Mittel vom Reiche, von den Ländern, den Gemeinden (Gemeindeverbänden) ganz oder teilweise erfüllt werden, soweit die Besteuerung zu einer Inanspruchnahme des Reichs, der Länder, Gemeinden (Gemeindeverbände) führen würde;

c) die Träger der Reichsversicherung;

d) inländische Personenvereinigungen und Zweckvermögen, die nach der Satzung, Stiftung oder sonstigen Verfassung ausschließlich gemeinnützigen oder mildtätigen Zwecken dienen; die Gemeinnützigkeit ist bei Personenvereinigungen nicht ausgeschlossen, wenn die Einlagen nach der Satzung oder sonstigen Verfassung mit höchstens **fünf vom Hundert** verzinst werden, bei Auslosungen, Ausscheiden eines Mitglieds oder für den Fall der Auflösung der Personenvereinigung nicht mehr als der Nennwert der Einlage zugesichert und bei der Auflösung der Rest des Vermögens für gleiche Zwecke bestimmt ist.

Diese Bestimmung unter d kommt den meisten **gemeinnützigen Bauvereinigungen zugute**, einerlei, ob sie in der Rechtsform einer **Genossenschaft, Ges. m. b. H. oder Akt.-Ges.** betrieben werden. Voraussetzung ist nur, daß sie die in dem Paragraph aufgestellten Bedingungen erfüllen. Dies dürfte aber meistens der Fall sein, da schon in zahlreichen anderen Gesetzen die Anerkennung der Gemeinnützigkeit von den gleichen Voraussetzungen abhängig gemacht worden ist (vgl. Grunderwerbssteuergesetz in „Steuerrecht und Genossenschaften“ zweiter Teil).

In der Begründung des Entwurfes des Körperschaftssteuergesetzes heißt es zu dem Begriff der Gemeinnützigkeit wie folgt:

„Es wurde davon abgesehen, den Begriff „gemeinnützig" durch Anführung von Beispielen in dem Gesetz zu erläutern. Der Begriff der Gemeinnützigkeit ist fließend. Bei der Beratung zum Grunderwerbssteuergesetz wurde von seiten der Regierung zum Ausdruck gebracht, daß gemeinnützig sei, was dem Wohle der Allgemeinheit diene, der ganzen Bevölkerung oder eines größeren irgendwie umgrenzten Teiles dieser Allgemeinheit, z. B. einer bestimmten Volksklasse; es müsse sich aber um die Pflege des Wohles dieser Allgemeinheit handeln. Dabei komme nur ein Bedürfnis in Betracht, dessen Befriedigung nach verständiger Würdigung als im Interesse der Allgemeinheit liegend anerkannt werden kann. Es wird hierbei grundsätzlich daran festgehalten werden müssen, daß die Förderung bestimmter wirtschaftlicher Interessen, z. B. Verbraucher-, Arbeitgeber-, Arbeitnehmerverbände oder bestimmter Berufszweige nur unter engeren Voraussetzungen als Förderung des Allgemeinwohls anerkannt werden kann. Zwecke des Unterrichts, der Erziehung, der Kunst und Wissenschaft, der Gesundheitspflege werden unter den angegebenen Voraussetzungen gemeinnützig sein, ebenso Baugenossenschaften und Siedlungsgesellschaften."

Es gilt ferner noch § 10 des Gesetzes, welcher lautet:

„Der Reichsminister der Finanzen kann nähere Bestimmungen über die Voraussetzungen erlassen, unter denen eine Personenvereinigung, ein Zweckvermögen oder ein Zweck als gemeinnützig oder mildtätig im Sinne dieses Gesetzes anzuerkennen ist."

e) rechtsfähige Pensions-, Witwen-, Waisen-, Sterbe-, Unterstützungs- und sonstige Hilfskassen für Fälle der Not oder der Arbeitslosigkeit; das gleiche gilt für nicht rechtsfähige Kassen dieser Art, wenn die dauernde Verwendung der Einkünfte für die Zwecke der Kassen gesichert ist;

Hierunter fallen z. B. die Organisationen wie die Versorgungskasse, Hilfskasse usw. des deutschen Genossenschaftsverbandes. Auch die Pensionskassen von Genossenschaften können unter den gegebenen Voraussetzungen, ohne Rechtspersönlichkeit zu haben, von der Steuer frei sein.

f) gesetzliche Berufs- oder Wirtschaftsvertretungen sowie wirtschaftliche Verbände ohne öffentlich-rechtlichen Charakter, deren Zweck nicht auf einen wirtschaftlichen Geschäftsbetrieb gerichtet ist.

Hierunter fallen die Revisionsverbände der Genossenschaften und die Zentralverbände. Daß die Beiträge zu diesen abzugsfähig von dem Einkommen der Abgabepflichtigen sind gemäß § 13 Z. 6 des Einkommensteuergesetzes und damit auch bei dem Einkommen der Genossenschaften, darüber vgl. oben § 2.

§ 8. Das steuerbare Einkommen.

I. Grundsätzlich unterliegen die nach dem Körperschaftssteuergesetz Steuerpflichtigen mit dem gesamten Betrage ihrer Entgelte oder Geldeswert bestehenden Einkünfte (steuerbares Einkommen) der Steuer.

II. Was steuerbares Einkommen ist, dafür sind die Bestimmungen des Einkommensteuergesetzes, und zwar die §§ 5 bis 15 maßgebend. Es gelten daher hierfür die zu diesen Paragraphen gemachten Ausführungen (vgl. oben § 23).

III. Erweiterungen haben die Bestimmungen des Gesetzes erfahren für diejenigen Teile des Einkommens, die nicht als steuerbares Einkommen zu gelten haben. Es werden daher die Bestimmungen des § 12 des Einkommensteuergesetzes, die vor allem auf die Eigenart physischer Personen zugeschnitten waren, und insofern nur beschränkt für juristische Personen gelten können, für juristische Personen erweitert.

Als steuerbares Einkommen gilt danach u. a. nicht:

1. bei Genossenschaften und deren Verbandskassen — einerlei, in welcher Rechtsform diese betrieben sind — der Teil der Einkünfte, der auf den eigentlichen Sparkassenverkehr entfällt. Diese Bestimmung trifft zu auf alle Arten von Genossenschaften (Kreditgenossenschaften, Konsumvereine, Handwerker- und Baugenossenschaften), soweit sie überhaupt einen eigentlichen Sparkassenverkehr eingerichtet haben. Von Bedeutung ist diese Bestimmung übrigens nur für Genossenschaften, bei denen überhaupt eine Steuerpflicht aus dem Geschäftsbetrieb gegeben ist, nicht auch für die Genossenschaften, bei denen sich, wie weiter unten ausgeführt ist, die Steuerpflicht auf Einkünfte aus Grund- und Kapitalvermögen beschränkt.

Die Genossenschaften haben somit — sofern eine Steuerpflicht aus dem Geschäftsbetrieb überhaupt in Frage kommt — die Einkünfte aus dem Sparverkehr auszuscheiden. Die auf diesem Teil ihrer Tätigkeit ruhenden Werbungskosten gehen natürlich zu Lasten dieses Einkommensteils. Nicht ist es zulässig, die gesamten Werbungsunkosten auf den steuerpflichtigen Einkommensteil in Ansatz zu bringen.

2. die Einkünfte der Personenvereinigungen und Zweckvermögen, die nach der Satzung, Stiftung oder sonstigen Verfassung ausschließlich gemeinnützigen oder mildtätigen Zwecken zugeführt werden.

Diese Vorschrift kommt den gemeinnützigen Baugenossenschaften zugute. Im allgemeinen werden allerdings diese bereits durch die Befreiungsvorschrift nach § 2 Nr. 4 gedeckt sein.

3. die auf Grund der Jahresabschlüsse an Mitglieder des Vorstandes oder des Aufsichtsrats, an Angestellte und Arbeiter als Entschädigung oder Belohnung für ihre Tätigkeit gereichten Vergütigungen jeder Art.

Auch diese Bestimmung kommt Genossenschaften zugute. Der dafür verwandte Betrag kann ohne weiteres abgesetzt werden, und zwar soweit die Genossenschaften nur mit einzelnen Teilen ihres Einkommens herangezogen werden, anteilig verteilt auf die einzelnen Einkommensteile.

4. Steuern, Umlagen auf öffentlich-rechtlicher Grundlage, Beiträge der Mitglieder von Personenvereinigungen sowie gesellschaftliche und genossenschaftliche Einlagen.

Damit ist ausdrücklich festgelegt, daß die genossenschaftlichen Einlagen, die Zahlungen auf das Grund- und Stammkapital der Genossenschaften darstellen, insoweit keine Einkünfte der Genossenschaften im steuerlichen Sinne darstellen.

5. Die übrigen Bestimmungen aus § 6 kommen für die Genossenschaften nicht in Frage.

III. Abzugsfähige Teile:

Vom Gesamtbetrag der Einkünfte können abgezogen werden:

1. Zuwendungen an Unterstützungs-, Wohlfahrts- und Pensionskassen des Betriebs, wenn die dauernde Verwendung für die Zwecke der Kassen gesichert ist;

Es genügt hier, wie die Begründung des Entwurfs ausspricht, daß die dauernde Verwendung auch nur tatsächlich gesichert ist. Es gilt hier ähnliches wie in anderen Steuergesetzen (vgl. „Steuerrecht und Genossenschaften" erster und zweiter Teil).

2. die Steuer gemäß § 10 Abs. 1 des Grunderwerbsteuergesetzes vom 10. September 1919 (RGBl. S. 1617) oder die für diese Steuer gemachten jährlichen Rücklagen;

Mit dieser Bestimmung ist das Versprechen der Reichsregierung eingelöst worden (vgl. „Steuerrecht und Genossenschaften" erster Teil S. 48). Die Genossenschaften werden gut tun, um die Grunderwerbssteuer nicht mit einmal zahlen zu müssen, alljährlich Rückstellungen für diese Steuer zu machen.

3. die zur Deckung von Unterbilanzen eingestellten Beträge.

Auch diese Bestimmung kann für Genossenschaften von Bedeutung werden, sofern Genossenschaften zur Deckung der Unterbilanz Abschreibungen auf Geschäftsguthaben vornehmen.

IV. Auf die Ermittlung des steuerbaren Einkommens finden die Vorschriften der §§ 31 bis 38 des Einkommensteuergesetzes sinngemäß Anwendung.

Die Erörterungen über diese Paragraphen haben daher sinngemäß auf Genossenschaften Anwendung zu finden (vgl. oben § 3).

§ 9. Beschränkte Steuerpflicht der Genossenschaften.

I. Bei den Erwerbs- und Wirtschaftsgenossenschaften beschränkt sich die Steuerpflicht auf die Einkünfte aus Grundbesitz, Kapitalvermögen und Gewerbebetrieb. Ein Gewerbebetrieb im Sinne dieser Vorschrift liegt nicht vor bei den Genossenschaften,

wenn der Geschäftsbetrieb sich auf den Kreis der Mitglieder beschränkt.

Das gleiche gilt bei den in ihrer Hauptbestimmung als Zentralen der Genossenschaften wirkenden Gesellschaften mit beschränkter Haftung und Aktiengesellschaften, deren Gesellschafter ausschließlich oder doch überwiegend die im Abs. 1 bezeichneten Genossenschaften sind (§ 4 des Gesetzes).

II. Damit kommen bei Genossenschaften nur drei Einkommensteile in Frage: der Grundbesitz, das Kapitalvermögen und der Gewerbebetrieb. Es scheidet damit aus das Arbeitseinkommen, welches an sich auch nur in besonders gelagerten Fällen gegeben sein würde (vgl. oben § 2) und die sonstigen Einkommen. Der Lotteriegewinn einer Genossenschaft ist kein steuerpflichtiges Einkommen, ebensowenig wie der gelegentliche Gewinn aus einem gewinnbringenden Verkauf oder gelegentlichen Provisionsgeschäft.

1. Einkommen aus Grundvermögen: Was als Einkommen aus Grundbesitz anzusprechen ist, darüber vgl. oben § 2. Als Einkommen aus Grundvermögen wird z. B. anzusprechen sein, das Einkommen, das eine Kreditgenossenschaft, Handwerkergenossenschaft aus der Vermietung von Wohnungen in eigenen Grundstücken erzielt. Die Nutzung der Geschäftsräume im eigenen Grundstück ist nicht als Einkommen aus Grundvermögen anzusprechen.

a) Bei Baugenossenschaften sind die gesamten Einkünfte aus den vermieteten Grundstücken Einkommen aus Grundbesitz. Wenn auch der Zweck der Genossenschaft gerade die Vermietung der Wohnungen ist und somit ihr Geschäftsbetrieb, so können doch nach der Fassung des § 6 des Einkommensteuergesetzes diese Einkünfte nur als Einkommen aus Grundbesitz angesprochen werden. Es fehlt in § 6 eine ähnliche Bestimmung wie in § 8 des Einkommensteuergesetzes zum Kapitalvermögen, wo ausdrücklich anerkannt ist, daß die Einkünfte aus dem Kapitalvermögen dann als Einkünfte aus Gewerbebetrieb anzusehen sind, wenn sie einem gewerblichen Betrieb anfallen. Die Baugenossenschaften, die also nicht als gemeinnützig anerkannt werden können und deshalb von der Steuer frei sind, unterliegen der Steuer fast mit ihren gesamten Einkünften.

b) Bei Arbeits- und Siedlungsgenossenschaften, deren Zweck der gemeinschaftliche Betrieb von Land- und Forstwirtschaft ist, gelten die Einkünfte daraus auch als Einkommen aus Grundbesitz. Eine derartige Genossenschaft wird daher nach der Art der Fassung ihrer Statuten für Anerkennung der Gemeinnützigkeit zu sorgen haben (vgl. oben § 2).

Über die Ermittlung der Werte dieser Einkommensteile vgl. oben § 3.

2. Einkommen aus Kapitalvermögen: Was als Einkommen aus Kapitalvermögen anzusprechen ist, ist oben § 2 erörtert. Bei diesen Einkünften handelt es sich durchweg um die gleichen Einkünfte, die auch der Kapitalertragssteuer unterliegen und somit doppelt besteuert sind. Wichtig ist hier vor allem die Bestimmung des § 8 Abs. 2 des Reichseinkommensteuergesetzes, welcher bestimmt:

> „Soweit Kapitalerträge der in Abs. 1 und 2 bezeichneten Art in einem land- oder forstwirtschaftlichen, gewerblichen oder bergbaulichen Betriebe anfallen, gelten sie als Einkommen aus dem Betriebe der Land- oder Forstwirtschaft oder aus Gewerbebetrieb."

Nach dieser Bestimmung ist daher genau zu prüfen, ob es sich bei den Kapitalanlagen nicht um Beträge handelt, die zum Betriebsvermögen und damit zu den Einkünften aus Gewerbebetrieb gehören. Die Kapitalien der Kreditgenossenschaften bilden das Betriebsvermögen dieser und scheiden ihre Erträge als Einkommen aus Kapitalvermögen aus.

Bei einer Konsumgenossenschaft, Einkaufsgenossenschaft usw. wird nur der Teil der Kapitalien als nicht zum Betriebsvermögen gehörig anzusehen sein, der tatsächlich aus dem Betriebsvermögen ausgeschieden und gesondert verwaltet wird. Praktisch werden derartige Fälle nur ganz selten vorkommen, da die Genossenschaften im allgemeinen ihre Kapitalien dringend gebrauchen und in dem Geschäftsbetrieb mitarbeiten lassen.

3. Einkommen aus Gewerbebetrieb: Was als Einkommen aus Gewerbebetrieb anzusehen ist, ist oben ausführlich erörtert (vgl. § 2). Das Gesetz bestimmt nun: Ein Gewerbebetrieb im Sinne dieser Vorschrift liegt nicht vor bei Genossenschaften, wenn ihr Geschäftsbetrieb auf den Kreis der Mitglieder beschränkt ist.

Für Genossenschaften, die ihren Geschäftsbetrieb auf den Kreis der Mitglieder beschränken, kommt somit nur eine Einkommensteuer für Einkünfte aus Grundbesitz und Kapitalvermögen in Frage.

Für die anderen Genossenschaften erstreckt sich die Steuerpflicht auf das Einkommen aus dem gesamten Geschäftsbetrieb. Ist das Einkommen aus dem gesamten Geschäftsbetrieb steuerpflichtig, so werden damit allgemein auch die Einkünfte aus Kapitalvermögen erfaßt.

Der Begriff „Genossenschaften, die ihren Geschäftsbetrieb auf den Kreis der Mitglieder beschränken", bedarf wegen seiner Wichtigkeit einer besonderen Nachprüfung.

§ 10. Hinausgehen oder Beschränkung des Geschäftsbetriebes auf den Kreis der Mitglieder.

I. Die bisherigen Steuergesetze:

Der Begriff Genossenschaften, „die mit ihrem Geschäftsbetrieb über den Kreis der Mitglieder hinausgehen" bzw. „die ihren Geschäftsbetrieb auf den Kreis der Mitglieder beschränken", ist schon in den alten Steuergesetzen enthalten. Es kannte ihn vor allem das preußische Einkommensteuergesetz vom 19. Juni 1906 und zahlreiche andere Einkommensteuergesetze der übrigen Bundesstaaten. Die Beschränkung des Geschäftsbetriebes auf den Kreis der Mitglieder war im allgemeinen bei Genossenschaften mit einer steuerlichen Erleichterung verbunden. Der Begriff ist dann auch von der Reichsgesetzgebung aufgegriffen worden. Er findet sich zunächst in dem Reichsstempelgesetz vom 3. Juli 1913 in der Tarifstelle I A c über die Verstempelung der Beitrittserklärungen von Genossenschaften. In der Novelle zum Reichsstempelgesetz vom 26. Juli 1918 kehrt dann in Tarifstelle 10 (Versteuerung der Habenzinsen) der gleiche Begriff wieder.

Die neuen Steuergesetze, und zwar das Körperschaftssteuergesetz und Kapitalertragssteuergesetz, haben dann den Begriff übernommen und haben Steuerbefreiungen vielfach nur für solche Genossenschaften eingeräumt, deren Geschäftsbetrieb nicht über den Kreis der Mitglieder hinausgeht. Im Körperschaftssteuergesetz ist dieses dahin ausgedrückt, „daß im Sinne des Gesetzes ein Gewerbebetrieb nicht vorliegt, wenn eine Genossenschaft ihren Geschäftsbetrieb auf den Kreis der Mitglieder beschränkt".

II. Der Umstand, daß die Steuererleichterungen und Befreiungen vielfach davon abhängen, ob eine Genossenschaft ihren Geschäftsbetrieb auf den Kreis der Mitglieder beschränkt oder nicht, wird zweifellos dazu führen, daß ebenso wie in den alten Steuergesetzen, die die gleichen Unterschiede machten, zahlreiche Prozesse sich darüber entwickeln werden. Nachstehend soll versucht werden, an Hand der bisherigen Rechtsprechung festzulegen, wie der Begriff im einzelnen auszulegen ist. Es wird dabei vor allem von der sehr umfangreichen Rechtsprechung des preußischen Oberverwaltungsgerichts ausgegangen werden. Es wird aber bei diesen Entscheidungen im Auge zu behalten sein, daß diese Urteile des Oberverwaltungsgerichts für die neuen Steuergesetze anders wie bisher nicht unbedingt entscheidend sind. Letzte Entscheidungsinstanz für diesen Begriff ist künftighin der Reichsfinanzhof. Dieser hat aber erst in wenigen Fällen anläßlich der Besteuerung der Habenzinsen bei Genossenschaften zu diesem Begriff Stellung nehmen können. Die alten Urteile dürften aber immerhin für die Auslegung dieses Begriffes von maßgebender Bedeutung sein.

Die nachstehende ausführliche Darstellung ist um deswillen gewählt, damit sich die Genossenschaften ein genaues Bild darüber machen können, welche Geschäfte sie betreiben können, ohne der Steuervorteile verlustig zu gehen.

III. Allgemeine Erörterungen zu dem Begriff:

1. Über die grundsätzliche Frage, wann ein Geschäftsbetrieb vorliegt, der über den Kreis der Mitglieder hinausgeht, äußert sich ein Rundschreiben des Reichsschatzamtes vom 11. Februar 1914 wie folgt:

Die Genossenschaften als „Gesellschaften von nicht geschlossener Mitgliederzahl, welche die Förderung des Erwerbs oder der Wirtschaft ihrer Mitglieder mittels gemeinschaftlichen Geschäftsbetriebs bezwecken" (§ 1 des Genossenschaftsgesetzes, RGBl. 1898 S. 810ff.), schalten sich vermittelnd in den rechtsgeschäftlichen Verkehr ihrer Mitglieder ein, und deshalb muß ihr Geschäftsbetrieb notwendigerweise sich gleichzeitig in zwei entgegengesetzten Richtungen bewegen. Es steht auf der einen Seite der rechtsgeschäftliche Verkehr, den die Genossenschaft nach dem Gegenstande des Unternehmens mit den Mitgliedern behufs Förderung ihres Erwerbs oder ihrer Wirtschaft, also zu dem Zwecke zu unterhalten hat, die Mitglieder an dem gemeinschaftlichen Geschäftsbetrieb und seinen Vorteilen zu beteiligen (Mitgliedsgeschäfte). Auf der anderen Seite stehen die Geschäfte, die die Genossenschaft zur Durchführung des Unternehmens mit Dritten abschließen muß (Gegengeschäfte). Zu diesen Gegengeschäften gehören also beispielsweise bei den Rohstoffvereinen der Einkauf der zum Betriebe des Gewerbes der Mitglieder erforderlichen, gemeinschaftlich zu beziehenden Rohstoffe, Werkzeuge, Maschinen und Geräte, bei den Absatzgenossenschaften der Verkauf der gemeinschaftlich abzusetzenden Erzeugnisse der Mitglieder, bei den Darlehnsgenossenschaften die Hereinnahme der zur Darlehensgewährung an die Mitglieder erforderlichen Geldmittel. Außerdem könnte es noch geschehen, daß sich im Geschäftsbetriebe der Genossenschaften tatsächlich ein Geschäftsverkehr, z. B. bei Kreditgenossenschaften ein reiner Bankverkehr, ausbildet, der über den eigentlichen Gegenstand des Unternehmens hinausgehend, lediglich auf Gewinnerzielung ausgeht. Ein Geschäftsbetrieb letzterer Art würde selbstverständlich den Geschäftsbetrieb der Genossenschaft über den Kreis ihrer Mitglieder hinausführen.

Abgesehen von diesem Falle kann, wenn das Hinausgehen des Geschäftsbetriebs über den Kreis der Mitglieder ein Unterscheidungsmerkmal zwischen den einzelnen Genossenschaften darstellen soll, dieses Merkmal offenbar nicht in dem Abschlusse von Gegengeschäften gefunden werden, da diese naturgemäß für alle Genossenschaften notwendig sind, sondern nur darin, daß die Genossenschaft Mitgliedsgeschäfte mit Nichtmitgliedern abschließt. Dabei folgt aus dem Begriffe des Betriebs, daß eine gewisse Wiederholung und Fortdauer solcher Geschäfte stattfindet, da vereinzelte Geschäfte, die eines dauernden Charakters und der Absicht der Fortsetzung entbehren, nicht als zur Eigenart des Betriebs gehörig angesehen werden können (Entsch. d. preuß. OVG. in Staatssteuers. Bd. 7 S. 235ff u. in Bd. 15 S. 303ff. die Entsch. v. 14. Juni 1911).

Das genannte Oberverwaltungsgericht geht aber noch einen Schritt weiter und erblickt auch in dem Abschlusse von Mitgliedsgeschäften mit Nichtmitgliedern ein Hinausgehen des Betriebs über den Mitgliederkreis so lange nicht, als dieser Verkehr mit Nichtmitgliedern nicht von vornherein beabsichtigt ist und nur den Zwecken der Mitglieder dient (Entsch. v. 13. Jan. 1912, aaO. Bd. 15 S. 302ff.). In dem entschiedenen Fall hatte eine Genossenschaft, deren Zweck einmal in dem Verkaufe der von den Mitgliedern selbst erbauten Felderzeugnisse, sodann in dem gemeinschaftlichen Einkaufe landwirtschaftlicher Bedarfsartikel bestand, die landwirtschaftlichen Erzeugnisse zu 10% des gesamten Geschäftsverkehrs auch von Nichtmitgliedern zum Zwecke des weiteren Verkaufs allgemein angenommen oder zugekauft. Das Gericht hat erwogen, daß sich die Beschränkung des Verkehrs auf die Mitglieder nicht immer einhalten lasse, daß es vielmehr vorkommen könne, daß die Genossenschaft den Bedarf der Mitglieder überschätze und deshalb auch von Nichtmitgliedern einkaufe, sowie umgekehrt, daß nicht alle Lieferungen bei Mitgliedern abgesetzt werden könnten und aus diesem Grunde auch Nichtmitglieder herangezogen werden müßten.

Hiernach ergibt sich, daß als Geschäfte mit Nichtmitgliedern, die nur den Zwecken der Mitglieder dienen, solche Geschäfte anzusehen sind, die ausschließlich dazu dienen, um den gemeinschaftlichen Geschäftsbetrieb der Mitglieder entsprechend dem Zwecke der Genossenschaft durchzuführen. Sind die Geschäfte mit den Nichtmitgliedern dieser Art, so kann ein Hinausgehen des Geschäftsbetriebs über den Mitgliedskreis auch dann nicht angenommen werden, wenn eine solche eventuelle Heranziehung von Nichtmitgliedern von vornherein in Aussicht genommen war. Das ergibt der entschiedene Fall selbst, der zu einer Freistellung der Genossenschaft von der Steuer geführt hat. Mit dem Erfordernisse, daß der Verkehr mit Nichtmitgliedern nicht von vornherein beabsichtigt gewesen sein dürfe, hat das Gericht entsprechend seiner sonstigen Stellungnahme vielmehr nur zum Ausdrucke bringen wollen, daß, auch wenn die Geschäfte mit den Nichtmitgliedern nicht zu Zwecken der Genossen gedient haben, ein Hinausgehen des Geschäftsbetriebs über den Mitgliedskreis nur dann zu bejahen ist, wenn ein solcher Verkehr von vornherein in der Absicht lag. Für genügend muß es angesehen werden, wenn alle vorbezeichneten Voraussetzungen auch nur tatsächlich vorliegen, so daß der Inhalt der Satzung nicht ausschlaggebend ist.

Den Ausführungen dieses Rundschreibens ist zuzustimmen.

2. Aus dieser grundsätzlichen Darstellung läßt sich folgendes entnehmen:

a) Im allgemeinen ist ein Hinausgehen des Geschäftsbetriebes über den Kreis der Mitglieder nur gegeben bei der Teilnahme Dritter an denjenigen Zwecken, zu deren Erreichung die Genossenschaft gebildet ist (Entsch. d. preuß. OVG. in Staatssteuers. Bd. 14 S. 158).

b) Das gleiche gilt bei einer Beteiligung von Nichtmitgliedern an solchen Geschäften, welche nach dem Gegenstand des Unternehmens mit den Mitgliedern behufs Förderung der Wirtschaft oder des Erwerbes derselben abgeschlossen werden sollen (Entsch. d. preuß. OVG. in Staatssteuers. Bd. 7 S. 238, Bd. 8 S. 147, Bd. 10 S. 202).

c) Nicht jedes geringfügige, nebensächliche oder zufällige Hinausgehen des Geschäftsbetriebes über den Kreis der Mitglieder kann die Steuerpflicht begründen, es muß vielmehr eine gewerbsmäßige, d. h. wesentlich auf Erwerbszwecke abzielende Ausdehnung des Geschäftsbetriebes auf Nichtmitglieder vorliegen. Dies ergibt sich schon aus dem Begriff „Betrieb". Vereinzelte Handlungen, die eines dauernden Charakters und der Absicht einer Fortsetzung entbehren, gehören nicht zur Eigenart eines Betriebes (Entsch. d. preuß. OVG. in Staatssteuers. Bd. 7 S. 241, Bd. 15 S. 305).

Eine Steuerpflicht ist z. B. bei einer Molkereigenossenschaft nicht gegeben, wenn sie bei unzureichender Lieferung seitens der Mitglieder vorübergehend Erzeugnisse von Nichtmitgliedern ankauft, um den regelmäßigen Betrieb aufrechterhalten zu können. Auch einzelne vom Vorstand nicht verschuldete Ausschreitungen von Vereinsbeamten (Lagerhalter) haben nicht die Steuerpflicht zur Folge, z. B. der Lagerhalter eines Konsumvereins verkauft entgegen seinen Vorschriften Waren an Nichtmitglieder (vgl. auch Fuisting-Strutz, Die direkten Steuern 8. Aufl. § 15).

d) Vorliegen muß ein auf den Geschäftsverkehr mit Nichtmitgliedern gerichteter Wille. Dieser Wille muß bei den gesetzlichen Vertretern der Genossenschaft gegeben sein (Preuß. OVG. Bd. 11 S. 398, Bd. 15 S. 113, Bd. 17 S. 241).

e) Die Feststellung der bloßen Möglichkeit, daß Geschäfte mit Nichtmitgliedern erfolgen, genügt nicht.

f) Bei eingetragenen Genossenschaften, welche Haupt- und Zweigniederlassung besitzen und in einer dieser Zweigniederlassungen ihren Geschäftsbetrieb auf Nichtmitglieder ausdehnen, ergreift die Steuerpflicht die ganze Genossenschaft, da sie eine einheitliche juristische Person ist. Die Steuerpflicht erstreckt sich in diesem Falle auch auf den ganzen Umfang des Betriebes. Es kommt also nicht nur die Steuerpflicht desjenigen Teils des Betriebes in Frage, in welchem Geschäfte mit Nichtmitgliedern getätigt worden sind (Entsch. d. preuß. OVG. Bd. 14 S. 308).

g) Ein Geschäftsbetrieb mit Nichtmitgliedern liegt schon dann nicht mehr vor, wenn die Erklärung des Beitritts zur Genossenschaft unterzeichnet und der Betreffende von der Genossenschaft zugelassen wird. Maßgebend ist § 8 Abs. 3 des GenGes.

h) Ist eine Person satzungswidrig Mitglied der Genossenschaft geworden und in das Genossenschaftsregister eingetragen, so hat sie auch im steuerlichen Sinne als Mitglied zu gelten. Geschäfte mit ihr stellen kein Hinausgehen des Geschäftsbetriebes über den Kreis der Mitglieder dar (Entsch. d. preuß. OVG. Bd. 15 S. 310).

i) Ob ein Geschäftsbetrieb über den Kreis der Mitglieder sich ausdehnt, dafür sind maßgebend die Verhältnisse zur Zeit der Veranlagung (Beginn des Steuerjahres). Anhaltspunkte dafür bietet die gesamte Geschäftsgebahrung während des abgelaufenen Geschäftsjahres. Steht fest, daß die Ausdehnung des Geschäftsbetriebes über den Kreis der Mitglieder erfolgt ist, in der Zukunft jedoch nicht mehr stattfinden wird, so hat die Besteuerung zu unterbleiben (Entsch. in Staatssteuers. Bd. 12 S. 283, Bd. 17 S. 242).

k) Ob die Ausdehnung des Geschäftsbetriebes den Statuten entspricht oder nicht, macht keinen Unterschied. Auch eine tatsächlich den Statuten zuwiderlaufende Ausdehnung des Geschäftsbetriebes über den Kreis der Mitglieder begründet die Steuerpflicht.

l) Über die Frage der Beweislast vgl. weiter unten.

§ 11. Das Hinausgehen des Geschäftsbetriebs über den Kreis der Mitglieder bei den einzelnen Genossenschaftsarten.

I. Kreditgenossenschaften: § 8 Abs. 2 des GenGes. bestimmt:

„Genossenschaften, bei welchen die Gewährung von Darlehen Zweck des Unternehmens ist, dürfen ihren Geschäftsbetrieb, soweit er in einer diesen Zweck verfolgenden Darlehnsgewährung besteht, nicht auf andere Personen außer den Mitgliedern ausdehnen. Darlehnsgewährungen, welche nur die Anlegung von Geldbeständen bezwecken, fallen nicht unter dieses Verbot.“

Die Vorstandsmitglieder werden durch Ordnungsstrafen zur Befolgung dieser Vorschrift angehalten. Aus dieser Begriffsbestimmung ergibt sich Wesen und Zweck der Kreditgenossenschaft, und nur die Teilnahme von Nichtmitgliedern an der Geld- oder Kreditgewährung begründet die Steuerpflicht der Genossenschaft. Bei Genossenschaften, die nur Kreditgewährung an Mitglieder betreiben, liegt also ein Gewerbebetrieb im Sinne des Körperschaftssteuergesetzes solange nicht vor, als sie die Kredite nur an Mitglieder geben.

Im allgemeinen sind aber die Zwecke der Kreditgenossenschaften nicht nur auf die Darlehnsgewährung, sondern auch auf die Durchführung aller für den Betrieb der Genossen notwendigen und förderlichen Bankgeschäfte gerichtet. Dabei würde ein unbeschränktes Betreiben von Bankgeschäften mit Mitgliedern und Nichtmitgliedern ohne weiteres einen Gewerbebetrieb darstellen.

Aus den oben aufgestellten Grundsätzen ergibt sich nun, daß Gegengeschäfte auch mit Nichtmitglieder zulässig sind. Es ist daher im einzelnen Fall genau zu prüfen, inwieweit es sich bei der Abwicklung von Geschäften um Gegengeschäfte der Kreditgenossenschaft handelt oder um reine Mitgliedsgeschäfte.

a) Die Annahme fremder Gelder gegen Verzinsung (Spareinlagen, Depositen), die lediglich dazu dienen, das Kreditbedürfnis der Mitglieder zu befriedigen, stellt kein Hinausgehen des Geschäftsbetriebes über den Kreis der Mitglieder dar.

Nicht notwendig ist, daß die Geldbeschaffung auch auf andere Weise, z. B. durch den Verkauf eigener Effekten möglich gewesen wäre. Nur die unbeschränkte Annahme von fremden Geldern gegen Verzinsung, mit der Absicht, daraus einen Gewinn zu erzielen und die nur teilweise zur Befriedigung des Kreditbedürfnisses der Mitglieder dienen, macht den Geschäftsbetrieb zu einem Gewerbebetrieb. Hierbei ist aber folgendes zu beachten:

Den Kreditgenossenschaften muß bei der Hereinnahme fremder Gelder eine gewisse Vorsorgepolitik zugestanden werden. Daß an gewissen Stichtagen die fremden Gelder das Kreditbedürfnis der Mitglieder übersteigen, macht den Geschäftsbetrieb noch nicht zu einem Gewerbebetrieb. Dies hat der Reichsfinanzhof in einer Entscheidung vom 14. November 1919 ausdrücklich anerkannt (AZ. II A 300/19). Es heißt in dieser Entscheidung, der ersten des Reichsfinanzhofs, zum Begriff „Hinausgehen des Geschäftsbetriebes über den Kreis der Mitglieder", die in zahlreichen Prozessen wiederholt ist:

Gründe.

Die Beschwerdeführerin, eine Kreditgenossenschaft, ist von den Vorinstanzen wegen der von ihr im 2. Halbjahr 1918 berechneten Habenzinsen zu einer Abgabe nach Tarifnummer 10 des Reichsstempelgesetzes vom 26. Juli 1918 in Höhe von 982,30 M. herangezogen worden. Sie begehrt Befreiung von der Abgabe, weil ihr Geschäftskreis nicht über den Kreis ihrer Mitglieder hinausgehe. Die Vorinstanz leitet das Gegenteil und damit die Unanwendbarkeit der für Genossenschaften im allgemeinen ausgesprochenen Befreiung (Abs. 1 und 3 der Befreiungsvorschriften zu Tarifnummer 10) daraus her, daß die Beschwerdeführerin ausweislich ihrer Bilanz vom 31. Dezember 1918 an

Geschäftsguthaben	224556 M.
fremden Geldern (einschließlich der Spareinlagen der Nichtmitglieder . . .	4985158 M.
insgesamt also	5209714 M.
Betriebsmittel besessen haben, denen nur rund	2700000 M.
an Genossen bewilligte Kredite (darunter 1802473 M. bereits gewährte) gegenübergestanden hätten, so daß .	2509714 M.

also fast das doppelte von dem hereingenommen worden sei, was für Mitgliedszwecke beansprucht wurde.

Diese Erwägung allein rechtfertigt die Heranziehung der Beschwerdeführerin zum Geldumsatzstempel nicht, vielmehr ist in erheblich weiterem Umfang deren Geschäftsgebahrung zu prüfen, um die Unterlagen dafür zu beschaffen, ob die Voraussetzungen der Steuerpflichtigkeit der Genossenschaft nach Abs. 3 der Befreiungsvorschrift zu Tarifnummer 10 des Reichsstempelgesetzes gegeben sind.

Auszugehen ist von dem Zwecke der beschwerdeführenden Genossenschaft der ihrem Wesen nach dahin geht, ihren Mitgliedern Darlehen zu gewähren.

Um diese Darlehnsgewährungen (Mitgliedsgeschäfte) betätigen zu können bedarf die Genossenschaft Gelder, die sie sich als Spareinlagen, durch Kreditaufnahme oder durch sonstige Hereinnahme von Kapitalien beschafft (Gegengeschäfte). Es ist nun, wenn die Genossenschaft überhaupt arbeiten soll, völlig ausgeschlossen, daß bei jedem Darlehnsgesuch eines Mitglieds die Genossenschaft sich erst ihrerseits um Beschaffung des Geldes umtut. Sie muß vielmehr vorausschauend sich fortgesetzt um die Aufnahme von Geldern bemühen, um den absehbaren künftigen Kreditbedarf ihrer Mitglieder befriedigen zu können. Sie muß weiter in Zeiten der Kapitalflüssigkeit dem Anlage seiner brachliegenden Gelder suchenden Publikum gegenüber entgegenkommend sein, wenn sie sich nicht der Gefahr aussetzen will, durch Zurückweisung derartiger Gelder aus dem Kreise ihrer Geschäftsfreunde, vielleicht auch ihrer Mitglieder, gerade diejenigen zu verlieren, auf deren finanzielle Hilfe sie angewiesen sein wird, wenn sich bei ihr wegen Geldknappheit die Darlehnsgesuche der Mitglieder häufen. Die so hereinströmenden Gelder muß die Genossenschaft in anderer Weise anlegen als durch Ausleihung an ihre Mitglieder, soweit deren augenblickliches Kreditbedürfnis überschritten wird. Eine derartige Auslegung wird allerdings der Genossenschaft — und damit ihren Mitgliedern — einen Zinsgewinn bringen, der außerhalb ihres eigentlichen Zweckes liegt, aber aus wirtschaftlichen Rücksichten unvermeidbar ist. Läßt sich freilich die Genossenschaft verleiten, derartige Zinsgewinne durch Anlegung im Übermaß aufgenommener flüssiger Gelder, etwa durch langfristige Darlehen an Nichtmitglieder, insbesondere durch Beleihung von Grundstücken, durch Wechseldiskontierungen u. dgl., zu einer dauernden Einnahmequelle zu machen, so überschreitet sie mit ihrem Geschäftsbetrieb den Kreis der Mitglieder in unzulässiger Weise und nähert sich den eigentlichen Banken, so daß sie dann mit Recht dem Geldumsatzstempel — und zwar hinsichtlich ihrer gesamten Habenzinsen — unterworfen wird. Vorstehende Erwägungen geben an die Hand, daß das Verhältnis zwischen aufgenommenen Geldern und feststehenden Kreditbedarf der Mitglieder an einem bestimmten Tage, etwa dem für die Bilanzaufstellung maßgebenden Abschlußtage, nicht dafür entscheidend sein kann, ob die Genossenschaft über den Kreis ihrer Mitglieder hinausgeht. Vielmehr ist die Geschäftsgebahrung der Genossenschaft im ganzen Geschäftsjahr zu untersuchen, ob etwa Zeiten des Kapitalüberflusses solche des Kapitalmangels gegenüberstehen. Für normale Verhältnisse kommt weiter in Betracht, mit welcher Entwicklungsmöglichkeit die Genossenschaft in Ansehung ihrer Mitgliederzahl, mit welchem Kreditbedarf sie für bestimmt künftige Zeitpunkte (Ankauf von Saatgut, Bestellungs- und Meliorationsarbeiten, Bauten u. dgl.) nach den Erfahrungen früherer Jahre zu rechnen hat. Ebensowenig ist für außergewöhnliche Zeiten, wie sie Ende 1918 bestanden, die Notwendigkeit der Genossenschaft nicht von der Hand zu weisen, sich auf demnächstigen außergewöhnlichen Kreditbedarf einzurichten. Jedenfalls darf der Nachweis, daß derartige im Wesen der Kreditgenossenschaft liegenden Umstände die Höhe der hereinzunehmenden Gelder zwingend beeinflußt hätten, der Beschwerdeführerin nicht abgeschnitten werden. Umstände freilich, die außerhalb der Zwecke der Kreditgenossenschaften liegen, wie die tätige Mitarbeit bei der Unterbringung von Kriegsanleihen, die Unterstützung des bargeldlosen Verkehrs in Ansehung der Bezahlung von Kriegslieferungen, können, wenn sie zur Hereinnahme dauernd überflüssiger

Gelder geführt haben, diesen Maßnahmen nicht zu Geschäften machen, die sich innerhalb des Kreises der Genossenschaftsmitglieder bewegen.

Da die Vorinstanz die dargelegten Umstände nicht gewürdigt hat, ist die angefochtene Entscheidung aufzuheben und die Sache an die Vorinstanz nach § 11 des Reichsfinanzhofgesetzes zurückzuverweisen.

Das Verhältnis der fremden Gelder zum Kreditbedürfnis lag teilweise dabei sehr ungünstig. Als zulässige Vorsorgepolitik wurde z. B. anerkannt, wenn die fremden Gelder betrugen:

a) 30,5 Millionen bei einem Kreditbedürfnisse der Mitglieder in Höhe von 8,1 Millionen (Urt. d. RFH. v. 14. 1. 20),
b) 25,9 Millionen bei einem Kreditbedürfnis der Mitglieder in Höhe von 5,5 Millionen (Urt. d. RFH. v. 10. 12. 19),
c) 3 Millionen bei einem Kreditbedürfnis der Mitglieder in Höhe von 500000 M. (Urt. v. 24. 12. 19).

b) Für die Annahme von Scheckgeldern von Nichtmitgliedern hat auch das gleiche zu gelten wie bei der Annahme von Geldern auf Spar- und Depositenkonto (Entsch. d. preuß. OVG. Bd. 15 S. 31).

c) Der An- und Verkauf von Wertpapieren für Mitglieder macht den Geschäftsbetrieb noch zu keinem Gewerbebetrieb (Entsch. d. preuß. OVG. Bd. 14 S. 158), wohl aber die uneingeschränkte Vermittlung von An- und Verkauf von Wertpapieren für Nichtmitglieder.

Zu dieser Frage hat bereits der Reichsfinanzhof in seinem Urteil vom 3. Dezember 1919 Stellung genommen. Eine Genossenschaft hatte in ihrem Geschäftsbericht die Vornahme von Effektengeschäften mit Nichtmitgliedern angekündigt. Hierzu bemerkt der Reichsfinanzhof:

„Auch die am Schlusse des Geschäftsberichts erwähnten Bankgeschäfte erfahren eine verschiedene Beurteilung, je nachdem sie der Zahl und dem Personenkreise nach völlig uneingeschränkt vorgenommen werden oder nur in einem Umfang, der durch die Notwendigkeit, einen ständigen Stamm von Geldgebern im Interesse des annehmbaren Kreditbedarfs zu erhalten, bedingt ist . . .“

d) Die Vermietung von Schrankfächern einer Stahlkammer an Nichtmitglieder stellt ein Hinausgehen des Geschäftsbetriebes über den Kreis der Mitglieder dar, wenn nicht dargetan wird, daß die Vermietung lediglich den Zweck hat, die nicht im hinlänglichen Maße zu erlangenden Geldmittel zu Vorschüssen und Darlehen zu beschaffen, deren die Mitglieder in ihrem Gewerbe oder Wirtschaft bedürfen (Entsch. d. preuß. OVG. Bd. 12 S. 255).

Der Ansicht des preußischen Oberverwaltungsgerichts wird aber nicht ohne weiteres beizupflichten sein. Erfolgt die Vermietung an Nichtmitglieder und werden Gebühren erhoben, die nur die baren Auslagen der Genossenschaft für die Vermietung decken, so daß die Genossenschaft daraus keinen Gewinn erzielt, wird darin ein Gewerbebetrieb nicht erblickt werden können. Die Entscheidung hierüber wird der Reichsfinanzhof zu treffen haben.

e) Aufbewahrung von Wertpapieren für Nichtmitglieder. Das Depotgeschäft mit Nichtmitgliedern begründet nach der bisherigen Rechtsprechung eine Steuerpflicht nur dann, wenn für die Aufbewahrung von den Nichtmitgliedern eine Gebühr erhoben wird. Dieser Ansicht kann nicht zugestimmt werden. Es gilt hier das gleiche wie zu d. Erfolgt die Aufbewahrung gegen eine Gebühr, die lediglich die baren Auslagen der Genossenschaft deckt, so liegt kein Gewerbebetrieb vor.

Auch hier wird der Reichsfinanzhof zu entscheiden haben. Die Frage ist besonders wichtig, weil die Depotzwangverordnung vom 24. Oktober 1919 (vgl. Genossenschaften und Steuerrecht Teil I) die Genossenschaften im weiten Umfange zwingt, im Interesse der Durchführung der Steuerfluchtbekämpfung die Depotgeschäfte auch mit Nichtmitgliedern abzuschließen.

f) Die Unterbringung müßiger Kassenbestände durch Ankauf von Staats- und sonstigen Wertpapieren sowie die sonstige vorübergehende zinsbare Anlegung, z. B. im Wechselverkehr, stellt kein Hinausgehen des Geschäftsbetriebes über den Kreis der Mitglieder dar. Kein Gewerbebetrieb ist es auch vor allem, wenn eine Genossenschaft ihre überflüssigen Gelder an Banken als Ultimogeld gibt oder bei Gemeinden anlegt. Es darf sich im letzteren Falle jedoch nicht um eine Kreditgewährung handeln, es sei denn, daß es sich um einen vorübergehenden Einzelfall handelt, der einen Geschäftsbetrieb in dem oben erörterten Sinne (vgl. § 10 III 2 c) nicht darstellt.

g) Die Diskontierung von Wechseln für Mitglieder ist zulässig, auch wenn weder der Aussteller noch der Bezogene Mitglied ist, so daß hiermit nicht ein Hinausgehen des Geschäftsbetriebes über den Kreis der Mitglieder verbunden ist.

Die Diskontierung von Wechseln für Nichtmitglieder ist zulässig, wenn es sich dabei handelt um Anlegung müßiger Kassenbestände.

h) Die Besorgung von Inkassogeschäften für Nichtmitglieder gegen Entgelt begründet die Steuerpflicht der Genossenschaft (Entsch. d. preuß. OVG. Bd. 4 S. 48).

Die Einziehung von Vereinswechseln auswärtiger Genossenschaften als Gegenleistung bedeutet kein Hinausgehen des Geschäftsbetriebes über den Kreis der Mitglieder.

i) Die Annahme und Vermittlung von Zeichnungen von Kriegsanleihen auch von Nichtmitgliedrn war nach einem Erlaß des preußischen Finanzministers nicht als ein Hinausgehen des Geschäftsbetriebes über den Kreis der Mitglieder anzusprechen.

II. Absatz-, Magazin- und Produktivgenossenschaften: Hier liegt ein Hinausgehen des Geschäftsbetriebes über den Kreis der Mitglieder nur dann vor, wenn Zulassung oder Ankauf der Erzeugnisse von Nichtmitgliedern zu Zwecken des weiteren Verkaufs stattfindet. Nimmt eine Magazingenossenschaft auch Produkte von Nichtmitgliedern zum Verkauf an, dann liegt ein Gewerbebetrieb vor. Verkauft sie die gesammelten Produkte ihrer Mitglieder an Nichtmitglieder, so bedeutet das kein Hinausgehen des Geschäftsbetriebes über den Kreis der Mitglieder.

Bei Produktivgenossenschaften liegt ein Hinausgehen des Geschäftsbetriebes über den Kreis der Mitglieder nur dann vor, wenn sie auch von Nichtmitgliedern hergestellte Waren annehmen und verkaufen.

III. Einkaufsgenossenschaften (Handwerkergenossenschaften): Bei diesen ist ein Hinausgehen des Geschäftsbetriebes über den Kreis der Mitglieder nur dann gegeben wenn die Ablassung der Rohstoffe auch an Nichtmitglieder erfolgt. Der Ankauf der Rohstoffe von Nichtmitgliedern ist ein zulässiges Gegengeschäft. Die gelegentliche Abstoßung von schwerverkäuflichen Restbeständen an Nichtmitglieder stellt kein Hinausgehen über den Kreis der Mitglieder dar. Ist die Genossenschaft Verteilungsstelle für rationierte oder zwangsbewirtschaftete Waren so darf sie auch an Nichtmitglieder davon abgeben. Entscheidungen darüber liegen noch nicht vor.

IV. Konsumvereine: Bei diesen gilt das gleiche wie bei den Einkaufsgenossenschaften.

V. Bei landwirtschaftlichen und gewerblichen Genossenschaften zur Beschaffung von Gegenständen des landwirtschaftlichen und gewerblichen Betriebes und Benutzung auf gemeinschaftliche Rechnung liegt nur dann ein Hinausgehen des Geschäftsbetriebes über den Kreis der Mitglieder vor wenn auch Nichtmitglieder die angeschafften Maschinen und Gerätschaften benutzen dürfen.

VI. Baugenossenschaften: Geben Baugenossenschaften einzelne Wohnungen an Nichtmitglieder ab, so gehen sie damit noch nicht über den Kreis der Mitglieder hinaus. An die Nichtmitglieder werden im allgemeinen die Wohnungen zu den ortsüblichen Preisen abgegeben. Den angestrebten Vorteil der Beschaffung billiger Wohnungen genießen diese nicht. Sie nehmen somit nicht am Zweck der Genossenschaft teil. Erfolgt die Vermietung allerdings gewerbsmäßig solange noch Anwärter auf Wohnungen unter den Mitgliedern vorhanden sind, so liegt darin ein Hinausgehen des Geschäftsbetriebes über den Kreis der Mitglieder (Entsch. d. preuß. OVG. Bd. 4 S. 362 Bd. 11 S. 396 Bd. 15 S. 308).

Wird nebenher der Zweck verfolgt Läden und Geschäftslokale einzurichten und zu vermieten, so kann darin ein Hinausgehen des Geschäftsbetriebes über den Kreis der Mitglieder erblickt werden, es sei denn, daß dieses Geschäft lediglich ein Hilfsgeschäft ist.

Für Baugenossenschaften hat sich die Rechtslage dadurch verschoben, daß die Zwangseinmietungen zur Folge haben können, daß ihnen Nichtmitglieder in die Wohnungen gesetzt werden. In derartigen Zwangseinmietungen ist ein Hinausgehen des Geschäftsbetriebes über den Kreis der Mitglieder nicht zu erblicken. Der Reichskommissar für das Wohnungswesen hat übrigens darauf hingewiesen, daß den Baugenossenschaften möglichst nur Mitglieder als Zwangsmieter zugewiesen werden.

VII. Beweislast: Für die Frage der Beweislast hat folgendes zu gelten: Genossenschaften sind steuerpflichtig mit ihrem Einkommen aus Grundbesitz,

Kapitalvermögen und Gewerbebetrieb. Ein Gewerbebetrieb im Sinne des Gesetzes liegt nicht vor, wenn eine Genossenschaft ihren Geschäftsbetrieb auf den Kreis der Mitglieder beschränkt. Der Nachweis hierfür dürfte im allgemeinen geführt werden durch Vorlage des Statuts, in dem sich im allgemeinen die Bestimmung befindet, daß der Abschluß von Mitgliedsgeschäften nur mit Mitgliedern erfolgt. Weiter durch Vorlage der Geschäftsberichte.

Die Steuerbehörde wird dann, wenn sie behauptet, daß die Genossenschaften die statutarische Begründung nicht eingehalten, anzugeben haben, durch welche Geschäfte die Genossenschaft über den Kreis der Mitglieder hinausgegangen ist.

Für die Beweislast im übrigen vgl. die Reichsabgabenordnung Steuerrecht und Genossenschaften Teil I und II.

§ 12. Der Steuertarif.

I. Der Steuertarif ist verschieden geregelt für sogenannte Erwerbsgesellschaften (dazu gehören Aktiengesellschaften, Gesellschaften mit beschränkter Haftung, auch Personenvereinigungen mit wirtschaftlichem Geschäftsbetrieb, deren Zweck die Erzielung wirtschaftlicher Vorteile für sich oder ihre Mitglieder ist) und für die sonstigen Steuerpflichtigen. Zu den sonstigen Steuerpflichtigen gehören ganz allgemein alle Erwerbs- und Wirtschaftsgenossenschaften.

II. Die Steuer beträgt für die Erwerbs- und Wirtschaftsgenossenschaften 10 % des steuerbaren Einkommens (§ 11 des Gesetzes). Die Steuertarife des § 12 für Erwerbsgesellschaften kommen für Erwerbs- und Wirtschaftsgenossenschaften niemals in Frage. Für die Steuerberechnung wird das steuerbare Einkommen auf volle Hundert nach unten abgerundet.

§ 13. Steuerveranlagung, Steuererklärung, Zahlung der Steuer.

I. Steuerveranlagung: Maßstab der Besteuerung bildet das Einkommen.

1. Den Maßstab der Besteuerung bildet das Einkommen des Wirtschaftsjahrs (Geschäftsjahrs), das der Steuerpflichtige angenommen hat, in Ermangelung eines solchen das Einkommen des Kalenderjahrs. Das Geschäftsjahr muß für das gesamte Einkommen einheitlich sein; seine Ergebnisse sind in einheitlicher Rechnung zusammenzufassen.

Die Reihenfolge der Geschäftsjahre darf nicht unterbrochen werden.

2. Die Veranlagung erfolgt nach Ablauf des maßgebenden Geschäfts- oder Kalenderjahrs. Erlischt die Steuerpflicht, so erfolgt die Veranlagung nach ihrem Erlöschen (§ 21 des Gesetzes).

3. Ist das Geschäftsjahr kürzer oder länger als zwölf Monate, so werden seine tatsächlichen Ergebnisse der Besteuerung zugrunde gelegt. Das gleiche gilt, wenn bei Beendigung der Steuerpflicht ein Geschäftsjahr

von zwölf Monaten oder das maßgebende Kalenderjahr noch nicht abgelaufen ist (§ 22 des Gesetzes).

4. Ist zwölf Monate nach Beginn der Steuerpflicht oder nach Ablauf des letzten der Besteuerung zugrunde gelegten Geschäftsjahres ein neues Geschäftsjahr noch nicht abgeschlossen, so können die Ergebnisse des bis dahin abgelaufenen Zeitraums der Besteuerung zugrunde gelegt werden (§ 23 des Gesetzes).

5. Eine Veranlagung hat auch stattzufinden:

a) bei Umwandlung eines Steuerpflichtigen (§ 1) in einen anderen Steuerpflichtigen;

b) beim Übergang von der beschränkten zur unbeschränkten und beim Übergang von der unbeschränkten zur beschränkten Steuerpflicht.

Hierunter würde zu rechnen sein, wenn eine Erwerbs- und Wirtschaftsgenossenschaft z. B. in eine Aktiengesellschaft umgewandelt wird und damit von der beschränkten Steuerpflicht zur unbeschränkten Steuerpflicht übergeht.

II. Steuererklärung:

1. Darüber, wie die Steuererklärung abzugeben ist, wird noch eine ausführliche Anordnung seitens des Herrn Reichsfinanzministers ergehen.

2. Bei Begründung einer Genossenschaft und bei Beendigung einer Genossenschaft (nach Durchführung der Liquidation) hat der Steuerpflichtige bzw. sein Vertreter von der eingetretenen Veränderung dem Finanzamt Anzeige zu machen. Über die Art der Anzeige wird der Herr Finanzminister noch Bestimmung treffen.

III. Steuerbescheid und Entrichtung der Steuer:

1. Über die zu entrichtende Steuer erteilt das Finanzamt dem Steuerpflichtigen einen schriftlichen Steuerbescheid. Im allgemeinen werden hierbei die Bestimmungen der Reichsabgabenordnung Platz zu greifen haben (vgl. „Steuerrecht und Genossenschaften" Teil I und II).

2. Die Steuer ist binnen eines Monats nach Empfang des Steuerbescheides zu entrichten. Anders wie bei physischen Steuerpflichtigen erfolgt hier die Zahlung der Steuer mit einem Male und nicht in Raten. Für die Genossenschaften bedeutet das, daß sie aus den Ergebnissen des abgelaufenen Wirtschaftsjahres die Steuern bei Aufstellung der Bilanz zurückzustellen haben, um den geschuldeten Steuerbetrag greifbar zu haben.

IV. Schluß- und Übergangsbestimmungen:

1. Die Hinterziehung der Körperschaftssteuer wird mit einer Geldstrafe vom fünf- bis zwanzigfachen Betrage der hinterzogenen Steuer bestraft. Neben der Geldstrafe kann auf Gefängnis erkannt werden.

2. Einnahmen aus Anleihen des Deutschen Reichs sind von der Körperschaftssteuer befreit, soweit bei der Begebung Befreiung von der Einkommensteuer zugesichert worden ist.

Die Bestimmung sichert vor allem die Steuerfreiheit der ersten Sparprämienanleihe.

3. Übergangsbestimmungen:

Der Körperschaftssteuer unterliegt erstmalig das Einkommen des nach dem 31. März 1919 abgelaufenen Geschäftsjahres, in Ermangelung eines besonderen Geschäftsjahres das Einkommen des Kalenderjahres 1919. Die

Steuer wird nur zu dem Teil erhoben, der dem seit 1. April 1919 laufenden Teil dieses Jahres entspricht.

Landesrechtliche Einkommensteuern, die aus dem in Abs. 1 Satz 1 bezeichneten Einkommen angesetzt worden sind, dürfen nur erhoben werden, soweit sie auf den bis 31. März 1920 laufenden Zeitraum des landesrechtlichen Rechnungsjahres entfallen. Dasselbe gilt von der Einkommensteuer, die an Stelle der Steuer aus diesem Einkommen erhoben wird. Die nach Abs. 1 anzusetzende Körperschaftssteuer ist um diese Beträge zu ermäßigen.

Dritter Titel.

Das Kapitalertragssteuergesetz.

§ 14. Was sind steuerbare Kapitalerträge.

I. Das Kapitalertragssteuergesetz vom 29. März 1920 ist in der Sitzung der Nationalversammlung vom 11. März angenommen worden. Das Gesetz ist mit dem 31. März 1920 in Kraft getreten. Eine vorläufige Vollzugsanweisung ist dann am 21. März 1920 ergangen (Reichssteuerblatt 1920 Nr. 6). Es bringt die Besteuerung des fundierten Einkommens als Vorbelastung für dieses. Das Kapitalertragssteuergesetz ist von einschneidender Bedeutung für unser gesamtes Wirtschaftsleben. Sie greift in die wirtschaftlichen Verhältnisse fast jedes einzelnen Steuerpflichtigen ein, da jeder aus Kapital fließender Ertrag, einerlei welcher Art die Kapitalanlage ist (Wertpapiere, Darlehen usw.), mit der Steuer belastet wird.

Der Gesetzentwurf hatte eine Berücksichtigung der besonderen Verhältnisse der Genossenschaften **nicht** vorgesehen, insbesondere auch keine Berücksichtigung des Umstandes, daß die Genossenschaften, vor allem die Kreditgenossenschaften, sich aus patriotischen Gründen in einem Maße mit Kriegsanleihen belastet hatten, daß der durch die Kapitalertragssteuer sie treffende Ausfall von 10 % ihrer Zinserträge sie in ihrer wirtschaftlichen Existenz bedrohte.

Auch bei diesem Gesetz ist es den Bemühungen des Freien Ausschusses der deutschen Genossenschaftsverbände gelungen, wenigstens in einigen Punkten eine Erleichterung für die Genossenschaften zu erreichen, wenn auch die weitergehende geforderte Rücksichtnahme auf die gemeinwirtschaftliche Natur der Genossenschaften nicht erreicht wurde.

II. Die steuerbaren Kapitalerträge: Von den Erträgen aus Kapitalvermögen wird für das Reich nach den Vorschriften des Kapitalertragssteuergesetzes eine Steuer (Kapitalertragssteuer) erhoben.

Der Begriff Erträge aus Kapitalvermögen deckt sich wirtschaftlich mit dem Begriff des Einkommens aus Kapitalvermögen im Reichseinkommensteuergesetz (§ 8). Einzelne Begriffe sind dem Zwecke des Gesetzes entsprechend, möglichst jeden Ertrag aus Kapitalvermögen oder zum mindesten aus dem Vermögen, das wirtschaftlich dem Kapitalvermögen gleichkommt, zu erfassen, etwas abgeändert.

Während aber im Reichseinkommensteuergesetz Kapitalerträge, wenn das Vermögen zum Betriebskapital eines Gewerbebetriebes oder eines land- oder forstwirtschaftlichen Betriebes gehört, durch diese Zugehörigkeit verwandelt werden in Erträge aus Gewerbebetrieb (§ 8 Abs. 2 des Einkommensteuergesetzes) unterliegen der Kapitalertragssteuer die Kapitalerträge ohne Rücksicht darauf, „ob sie einem land- oder forstwirtschaftlichen oder Gewerbebetrieb oder außerhalb eines solchen anfallen“ (§ 2 des Gesetzes). Daß die in dem Reichseinkommensteuergesetz vorhandene Scheidung im Kapitalertragssteuergesetz nicht aufrechterhalten werden konnte, erklärte sich vor allem dadurch, daß im Interesse der Durchführung des Prinzips der Schöpfung der Steuer an der Quelle eine Scheidung danach, wem die Erträge anfallen, gar nicht gemacht werden konnte. Nur bei den Erträgen aus Forderungen oder bei den Diskontbeträgen ist eine Ausnahme gemacht. Bei letzteren in der Weise, daß nur die Diskonterträge von denjenigen Schatzanweisungen und Wechsel der Steuer unterliegen, bei denen es sich um Kapitalanlagen handelt.

Steuerbare Erträge im Sinne des Gesetzes sind die Erträge aus inländischen und ausländischen Kapitalanlagen, und zwar:

1. Dividenden, Zinsen, Ausbeuten und sonstige Gewinne, welche entfallen:

auf Aktien, Kuxe, Genußscheine sowie auf
Anteile an der Reichsbank,
Anteile an Kolonialgesellschaften,
Anteile an bergbautreibenden Vereinigungen, welche die Rechte einer juristischen Person haben,
Anteile an Genossenschaften,
Anteile an Gesellschaften mit beschränkter Haftung (§ 2 Abs. 1 I Nr. 1 des Gesetzes).

Der Steuer unterliegen nicht die Gewinnanteile:

a) der Gesellschaften einer offenen Handelsgesellschaft, der Geschäftsinhaber und Kommanditisten einer Kommanditgesellschaft, der Geschäftsinhaber einer Kommanditgesellschaft auf Aktien, der Gesellschafter einer Gesellschaft des bürgerlichen Rechts, die Agiobeträge der verzinslichen Schatzanweisungen, wohl aber der Ertrag der Einlage eines stillen Gesellschafters.

b) Für die Steuerpflicht macht es keinen Unterschied, ob es sich um regelmäßig wiederkehrende Erträge oder um einmalige Ausschüttungen (z. B. unregelmäßige Ausbeuten) handelt. Als Kapitalerträge steuerpflichtig sind auch besondere Entgelte oder Vorteile, die neben der Dividende usw. oder an deren Stelle gewährt werden, wie z. B. die Ausschüttung eines Bonus, nicht aber der Erwerb von Bezugsrechten (vgl. Begründung des Entwurfes S. 22).

Nicht hierunter fällt z. B. die Warendividende, bei der es sich nicht um einen Ertrag aus Kapitalvermögen handelt.

2. Zinsen von Anleihen, die in öffentlichen Schuldbüchern eingetragen oder über die Teilschuldverschreibungen ausgegeben sind (§ 2 Abs. 1 I Nr. 2 des Gesetzes).

a) Bei den Teilschuldverschreibungen kommt es nicht darauf an, ob sie auf den Namen oder Inhaber lauten, noch darauf, ob sie mit Zinsscheinen ausgestattet sind und ob diese auf den Namen oder den Inhaber ausgestellt sind, also auch die Teilschuldverschreibungen der Baugenossenschaften, sofern es sich rechtlich um solche Teilschuldverschreibungen, nicht etwa um reine Darlehnsbeträge handelt, allen hierunter. Nicht hierher gehören z. B. die Schatzwechsel.

b) Vor allem fallen hierunter die zahlreichen Kriegsanleihen des Deutschen Reiches, die künftighin somit statt eine 5proz. nur noch eine 4½proz. Verzinsung bringen.

c) Als steuerbare Kapitalerträge gelten auch hier besondere Entgelte oder Vorteile, die neben den Zinsen oder an deren Stelle gewährt werden. Hierunter fallen auch die auf Prämienanleihen entrichteten Gewinne. Die deutsche Sparprämienanleihe von 1919 ist jedoch auf Grund der zugesagten Befreiung von der Kapitalertragssteuer frei. Nicht darunter fällt die Spannung zwischen dem Zeichnungspreis einerseits und dem Nennwert oder einem etwaigen Rückzahlungswert andererseits, da es sich hier nicht um einen Kapitalertrag, sondern um einen dem Ersterwerber im Hinblick auf sein Kursrisiko zugestandenen Abzug oder Zuschlag handelt. Übersteigt allerdings der Rückzahlungswert das Kursrisiko um das übliche, so wird man annehmen dürfen, daß es sich dabei um eine verkappte Zahlung von Kapitalerträgen und somit um eine Steuerumgehung handelt, so daß in diesen Fällen die Kapitalertragssteuer fällig wäre.

3. Zinsen, die bei Lebens-, Kapital- und Rentenversicherungsunternehmungen auf die Prämienreserve der Versicherten rechnungsmäßig nach dem Geschäftsplan entfallen (§ 2 Abs. 1 I Nr. 3 des Gesetzes).

4. Zinsen und Forderungen, die auf Grund einer Vereinbarung entrichtet werden. Das gleiche gilt für gesetzliche Zinsen, soweit die Fälligkeit der Forderung länger als 6 Monate zurückliegt; die Frist erstreckt sich auf zwei Jahre, soweit es sich um Ansprüche der in den §§ 196, 197 des Bürgerlichen Gesetzbuches bezeichneten Art handelt (§ 2 Abs. I Nr. 4 des Gesetzes).

Unter diese Bestimmung fallen alle vertraglichen und gesetzlichen Zinsen aus Forderungen, soweit es sich dabei um Kapitalanlagen handelt. Zinsen aus Forderungen, die aus Warengeschäften herrühren, sollen an sich der Kapitalertragssteuer nicht unterliegen. Das Gesetz geht nun von der Fiktion aus, daß, falls die Forderung länger als 6 Monate besteht, sich die Warenschuld in eine Kapitalschuld verwandelt hat. Der Entwurf des Gesetzes sah eine Frist von drei Jahren vor. Für die Forderung des täglichen Lebens, auf die die Verjährungsfristen der §§ 196, 197 BGB. Anwendung finden, verwandeln sich diese dort genannten Forderungen erst nach zwei Jahren in Kapitalforderungen im Sinne des Kapitalertragssteuergesetzes.

Es fallen unter diese Nummer vor allem alle Darlehnsforderungen z. B. aus Bankguthaben, Spar-, Depositen- und Scheckgeldern usw.

5. Zinsen von Grundschulden, Renten von Rentenschulden sowie Zinsen von Hypotheken, soweit diese Zinsen nicht unter Nr. 4 fallen.

Bei Tilgungshypotheken und Tilgungsgrundschulden gilt nur der Teil der Zahlung als Kapitalertrag, der auf den jeweiligen Kapitalrest als Zins entrichtet wird. Forderungen, für die eine Hypothek an einem inländischen Grundstück bestellt ist, gelten im Sinne dieses Gesetzes stets als inländische Kapitalanlagen.

Diese Bestimmung ergänzt sich im allgemeinen durch Nr. 4. Bei Tilgungshypotheken wird genau darauf zu achten sein, welcher Betrag der Tilgungsrate auf Zinsen, welcher auf den Kapitalabtrag entfällt (§ 2 Abs. 1 I Nr. 5).

Die Kommanditeinlage fällt nicht hierunter, da es sich um die Einlage eines Gewerbebetriebes handelt.

6. Vererbliche Rentenbezüge (§ 2 Abs. 1 I Nr. 6 des Gesetzes).

7. Diskontbeträge von Wechseln und Anweisungen einschließlich der Schatzwechsel, soweit es sich um Kapitalanlagen handelt (§ 2 Abs. 1 I Nr. 7 des Gesetzes).

Derartige Kapitalanlagen dürften vorliegen vor allem, wenn Kreditgenossenschaften sich Reichsschatzwechsel zur Unterbringung ihrer müßigen Gelder ankaufen.

§ 15. Steuerbefreiungen.

I. Im Interesse der wirksamen Durchführung des Prinzips des Schöpfens an der Quelle mußte daran festgehalten werden, daß grundsätzlich alle Kapitalerträge von der Steuer erfaßt und Ausnahmen nur aus zwingenden Gründen gemacht werden. Zwingende Gründe wirtschaftlicher und sozialer Natur sind es, die zu den Befreiungsvorschriften des § 3 geführt haben. Die Kenntnis dieser Steuerbefreiungsgründe ist für die Genossenschaften, auch soweit sie nicht selbst davon betroffen werden, von Wichtigkeit, weil sie gegebenenfalls in Geschäftsverbindung mit den in Betracht kommenden Kreisen sein könnten, denen die Steuerbefreiung zugute kommt, bei denen also gegebenenfalls eine Steuereinbehaltung zu unterbleiben hat.

II. § 3 des Gesetzes bestimmt:

Von der Steuer werden befreit (oben § 14):

1. die Kapitalerträge der im § 2 bezeichneten Art, welche öffentlichen Sparkassen, eingetragenen Genossenschaften, deren Geschäftsbetrieb nicht über den Kreis ihrer Mitglieder hinausgeht, sowie den in ihrer Hauptbestimmung als Zentralen der Genossenschaften wirkenden Gesellschaften mit beschränkter Haftung und Aktiengesellschaften, deren Gesellschafter und Aktionäre ausschließlich oder doch überwiegend Genossenschaften sind, oder den Trägern der reichsgesetzlichen Kranken-, Unfall-, Invaliden- und Hinterbliebenen- und Angestelltenversicherung, den Besoldungs-, Ruhegehalts- und Versorgungskassen der Religionsgesellschaften des öffentlichen Rechtes sowie den Pensionskassen für Beamte und Angestellte, soweit sie unter staatlicher oder öffentlicher Verwaltung oder Aufsicht stehen, zufließen.

Die Befreiung kann in Einzelfällen durch den Reichsminister der Finanzen im Einvernehmen mit den Landesregierungen auf nichtöffentliche Sparkassen ausgedehnt werden.

Die Befreiung der Sparkassen tritt insoweit nicht ein, als sie Geschäfte betreiben, die dem eigentlichen Sparkassenverkehr fremd sind.

2. die Kapitalerträge der im § 2 bezeichneten Art, welche zufließen:

a) Universitäten, Hochschulen und ähnlichen Anstalten und Gesellschaften, ferner solchen Anstalten, die im Falle der Unzulänglichkeit der eigenen Mittel vom Reiche, von einem Lande oder von einer sonstigen öffentlich-rechtlichen Körperschaft ganz oder teilweise unterhalten werden, sowie Stiftungen deren Zwecke im Falle der Unzulänglichkeit der eigenen Mittel vom Reiche, von einem Lande oder von einer sonstigen öffentlich-rechtlichen Körperschaft ganz oder teilweise erfüllt werden;

b) Stiftungen, Anstalten, Kassen und Personenvereinigungen, soweit sie ohne Beschränkung auf einen bestimmten engeren Personenkreis mildtätigen oder gemeinnützigen Zwecken dienen;

c) öffentlich-rechtlichen Berufsvertretungen sowie Berufsverbänden ohne öffentlich-rechtlichen Charakter, deren Zweck nicht auf einen wirtschaftlichen Geschäftsbetrieb gerichtet ist;

3. die im § 2 Abs. 1 Nr. I 4, 5 und 7 bezeichneten inländischen und die entsprechenden ausländischen Kapitalerträge (§ 2 Abs. 1 Nr. II), welche Sparkassen, soweit sie nicht bereits unter Nr. 1 fallen, Lebens-, Kapital- und Rentenversicherungsunternehmungen, unter Staatsaufsicht stehenden Hypothekenbanken und Schiffspfandbriefbanken, öffentlich-rechtlichen Kreditanstalten und Kreditgenossenschaften anfallen. Die Befreiung beschränkt sich bei den Sparkassen auf die dem Sparkassenverkehr eigenen Geschäfte, im übrigen auf das der Anschaffung und Darleihung von Geld dienende Geschäft.

Die im Abs. 1 bezeichneten Kapitalerträge sind auch dann steuerfrei, wenn sie der Anschaffung und der Darleihung von Geld dienenden Unternehmungen anfallen, die auf Grund des § 76 des Reichsstempelgesetzes vom 3. Juli 1913 (RGBl. S. 639) in der Fassung des Gesetzes vom 26. Juli 1918 (RGBl. S. 799) angemeldet sind. Jedoch unterliegt der Steuer der Überschuß der Zinseinnahmen über die Zinsausgaben im laufenden Rechnungsverkehre nach Kürzung desjenigen Anteils an den Handlungsunkosten, der sich im Verhältnis dieses Überschusses zu den Gesamteinnahmen der Unternehmung ergibt; außer Ansatz bleiben hierbei die Zinsen, die von einer Unternehmung der vorbezeichneten Art einer Unternehmung gleicher Art belastet oder vergütet werden. Soweit nach dem Inkrafttreten dieses Gesetzes eine Anmeldung auf Grund des § 76 des Reichsstempelgesetzes nicht mehr erfolgen kann, bestimmt der Reichsminister der Finanzen die Voraussetzungen, unter denen Unternehmungen, die der Anschaffung und Darleihung von Geld dienen, einer angemeldeten Unternehmung im Sinne dieter Vorschrift gleichzustellen sind;

4. die Kapitalerträge der im § 2 Abs. 1 Nr. I 1 bezeichneten Art aus Anteilen an Genossenschaften, bei denen das Geschäftsguthaben des einzelnen Genossen satzungsgemäß fünftausend Mark nicht

übersteigen darf, sowie aus den Anteilen an den in ihrer Hauptbestimmung als Zentralen der Genossenschaften wirkenden Genossenschaften, Gesellschaften mit beschränkter Haftung und Aktiengesellschaften, deren Genossen, Gesellschafter und Aktionäre ausschließlich oder doch überwiegend Genossenschaften sind oder deren wirtschaftliche Betätigung ausschließlich oder doch überwiegend den angeschlossenen Genossenschaften zugute kommt;

5. die Kapitalerträge der im § 2 Ab. 1 Nr. I 1 bezeichneten Art, die entfallen auf Anteile an Gesellschaften mit beschränkter Haftung, deren Stammkapital nicht mehr als dreihunderttausend Mark beträgt, oder bei denen, abgesehen von Ehefrauen und Kindern der Gesellschafter, nicht mehr als drei Gesellschafter beteiligt sind und zu Geschäftsführern lediglich Gesellschafter bestellt sind;

6. die im § 2 Abs. 1 Nr. I 4, 5 und 7 bezeichneten Kapitalerträge, den dem Reiche, den Ländern oder Gemeinden (Gemeindeverbänden), die Kirchen sowie den kirchlichen und religiösen Gemeinschaften des öffentlichen Rechtes, oder, soweit sie nicht bereits unter Nr. 1 fallen, den Trägern der reichsgesetzlichen Kranken-, Unfall-, Alters-, Invaliden-, Hinterbliebenen- und Angestelltenversicherung als Gläubiger zufließen, ferner die im § 2 Abs. 1 Nr. I 2 bezeichneten Kapitalerträge, soweit sie auf Ausleihung der Länder und Gemeinden (Gemeindeverbände) an das Reich beruhen;

7. Kapitalerträge aus Wertpapieren oder Schuldbuchforderungen, welche gemäß § 6 Abs. 4, § 22 Abs. 1 Satz 2, § 41 Abs. 1, § 42 Abs. 1 des Hypothekenbankgesetzes vom 13. Juli 1899 (RGBl. S. 375) als Deckung für ausgegebene Pfandbriefe sowie Kommunal- und Kleinbahnobligationen und gemäß §§ 56 und 57 des Gesetzes über die privaten Versicherungsunternehmungen vom 12. Mai 1901 (RGBl. S. 139) zur Anlegung der den Prämienreservefonds bildenden Bestände bei der Lebensversicherung in ein Register eingetragen sind;

8. Zinsen, Dividenden und sonstige Gewinnbeträge der im § 2 Abs. 1 Nr. I 1, 2 bezeichneten Art, sofern Gläubiger und Schuldner die gleiche Person ist;

9. Kriegsanleihezinsen, soweit ihnen Darlehnszinsen gegenüberstehen und die Darlehen nachweislich zur Zeichnung oder zur Aufrechterhaltung des Besitzes gezeichneter Kriegsanleihen aufgenommen sind. In diesem Falle beschränkt sich die auf den Gesamtbetrag der Kriegsanleihezinsen errechnete Steuer auf den Betrag, um den die Kriegsanleihezinsen die Darlehnszinsen übersteigen;

10. Kapitalerträge, die einem Unternehmen der im § 2 Abs. 1 Nr. I 1 bezeichneten Art aus der Beteiligung an einem anderen derartigen Unternehmen zufließen, sofern eine solche Beteiligung mindestens ein Fünftel der gesamten Aktien, Kuxe, Genußscheine oder Anteile an dem anderen Unternehmen umfaßt und mindestens seit Beginn des letzten verflossenen Geschäftsjahrs besteht.

Die Befreiungsvorschrift nach Abs. 1 Nr. 1, 2 und 7 gilt nur für Erträge aus solchen Kapitalanlagen, die sich vor dem 1. Oktober 1919 im Besitze der genannten Anstalten befunden haben. Das gleiche gilt im Falle der Nr. 6 für die Kapitalerträge der im § 2 Abs. 1 Nr. I 2 bezeichneten Art.

Die Steuerbefreiung erfolgt, soweit sie die Kapitalerträge der im § 2 Abs. 1 Nr. I 1, 2 bezeichneten Art betrifft, im Wege der Erstattung, bei den übrigen Kapitalerträgen nach näherer Bestimmung des Reichsministers der Finanzen.

§ 16. Ausnahmen von der grundsätzlichen Besteuerung.

I. Es ist wirtschaftlich nicht möglich, grundsätzlich alle Kapitalerträge mit der Steuer zu belegen. Es waren Ausnahmen notwendig, vor allem mit Rücksicht auf die Notwendigkeit der unterschiedlichen Behandlung der ausländischen und inländischen Kapitalanlagen.

II. Die Bestimmungen sind in § 4 des Gesetzes festgelegt.

1. Dividenden usw.

a) Diese unterliegen der Steuer, wenn der Ort der Leitung des Schuldners im Inlande liegt, einerlei ob der Bezugsberechtigte ein Inländer oder Ausländer ist.

Ausnahmen: Der Reichsminister der Finanzen kann bestimmen:

1. daß der Ort der Leitung von Unternehmen der im § 2 Abs. 1 Nr. I 1 bezeichneten Art als im Inland befindlich gilt, wenn ihr Geschäftsbetrieb überwiegend im Inland erfolgt, ohne daß ihr Sitz im Inland sich befindet;
2. daß der Ort der Leitung von Unternehmen der im § 2 Abs. 1 Nr. I 1 bezeichneten Art als nicht im Inland befindlich gilt, wenn ihr Geschäftsbetrieb überwiegend nicht im Inland erfolgt, obschon sich ihr Sitz im Inland befindet.

Abstimmungsgebiete sind bis zur endgültigen Grenzregulierung als Inland zu betrachten. Maßgebend für die Festsetzung des Zeitpunktes, ob Inland oder Ausland, ist die Fälligkeit der Kapitalerträge.

b) Die Dividenden von ausländischen Unternehmungen unterliegen der Steuer nur, wenn die Gläubiger Inländer sind und die in dem Paragraph ihnen gleichgestellten Personen. Der Paragraph bezeichnet als solche Berechtigte:

1. Deutsche, mit Ausnahme derer, die sich seit länger als zwei Jahren dauernd im Ausland aufhalten, ohne einen Wohnsitz im Inland zu haben, sowie der Auslandsdeutschen im Sinne des § 20 Abs. 1 Nr. 3 des Gesetzes gegen die Steuerflucht vom 26. Juli 1918 (RGBl. S. 951) vom Zeitpunkt ihrer Rückkehr ins Ausland ab. Beamte des Reichs und der Länder und Militärpersonen, die im Ausland ihren dienstlichen Wohnsitz haben, sind ohne Rücksicht auf die Dauer ihres Aufenthalts im Ausland steuerpflichtig. Wahlkonsuln gelten nicht als Beamte im Sinne dieser Vorschrift;
2. Nichtdeutsche, die im Deutschen Reiche einen Wohnsitz oder des Erwerbes wegen oder länger als sechs Monate ihren gewöhnlichen Aufenthalt haben. Wird die Steuerpflicht durch einen Aufenthalt von mehr als sechs Monaten begründet- so erstreckt sich Steuerpflicht auch auf die ersten sechs Monate;

3. juristische Personen, deren Ort der Leitung im Inland liegt, oder inländische Vermögensmassen, die nicht dem Vermögen anderer Personen zuzurechnen sind, insbesondere nicht rechtsfähige Vereine und Stiftungen ohne juristische Persönlichkeit. Die Vorschrift des Abs. 1 Satz 2 findet Anwendung.

Als Ausland gilt auch die ausländische Filiale, als Inland die inländische Filiale.

2. Zinsen aus Effekten usw.: Hier gilt das gleiche wie zu 1.

3. Zinsen auf die Prämien bei Lebensversicherungen usw.

a) Die Kapitalerträge der im § 2 Abs. I Nr. 13 bezeichneten Art unterliegen der Steuer, wenn der Ort der Leitung des Schuldners im Inland liegt oder wenn in Ermangelung eines inländischen Ortes der Leitung eine inländische Niederlassung besteht. Bei Lebens-, Kapital- und Rentenversicherungsunternehmungen mit inländischem Orte der Leitung bleib n die Kapitalerträge steuerfrei, soweit sie rechnungsmäßig auf die Prämienreserven solcher Versicherten entfallen, die im Inland weder einen Wohnsitz noch ihren gewöhnlichen Aufenthalt haben. Bei Lebens-, Kapital- und Rentenversicherungsunternehmungen mit ausländischem Orte der Leitung, aber inländischer Niederlassung unterliegen die Kapitalerträge nur insoweit der Steuer, als sie rechnungsmäßig auf die Prämienreserven solcher Versicherten entfallen, die im Inland ihren Wohnsitz oder gewöhnlichen Aufenthalt haben.

b) Ausländische Erträge dieser Art unterliegen nur dann der Steuern wenn die Gläubiger die oben unter 1b erwähnten Personen sind.

4. Erträge aus Grundschulden, Rentenschulden, Hypotheken:

a) Diese gelten als inländische Erträge, wenn das Grundstück im Inland liegt und unterliegen dann stets der Kapitalertragssteuer, einerlei, ob sie einem Inländer oder Ausländer zufließen. Bestehen sie an einem ausländischen Grundstück, so gelten sie als ausländische Erträge und unterliegen der Steuer nur, wenn sie den unter 1 aufgeführten Berechtigten zufließen.

5. Die Erträge aus Forderungen, von vererblichen Rentenbezügen, Diskonterträgen aus Wechsel (§ 2 Abs. I Nr. I 4, 6 und 7 des Gesetzes).

Inländische und ausländische Erträge sind dabei gleich behandelt. Sie unterliegen der Steuer nur dann, wenn sie Inländern bzw. den unter 1a genannten Personen zufließen.

§ 17. Fälligkeit der Steuer, Haftung für die Steuer.

I. Die Steuer ist fällig:

1. bei Kapitalerträgen des § 2 Abs. I Nr. I 1—3 (Kapitalerträge aus Effekten, Zinsen auf Prämienreserven) mit dem Kapitalertrag.

2. bei Kapitalerträgen des § 2 Abs. 1 Nr. I 4 bis 6 (Vortragszinsen, Grundschuldzinsen, vererbliche Rentenbezüge) bei Zahlung des Kapitalertrags.

Gutschrift, Zurücklegung zum Kapital gilt als Zahlung.

3. bei Kapitalerträgen aus § 2 Abs. 1 I Nr. 7 und II (Diskonterträge, ausländischen Kapitalerträge ist die Steuer fällig einen Monat nach Zustellung des schriftlichen Steuerbescheids an den Gläubiger des Kapitalertrags.

Bei Zinskupons auf den 1. Oktober wird mit diesem Tag auch die Steuer fällig. Die Zahlung des Kapitalertrags ist für die Fälligkeit der Steuer nicht maßgebend. Nur wenn die Zahlung aus Gründen unterbleibt, die nicht in der Person des Gläubigers liegen, wird die Steuer erst mit Zahlung des Kapitalertrages fällig.

II. Haftung für die Steuer:

1. In den Fällen des § 2 Abs. 1 Nr. I 1 bis 3 haftet der Schuldner für die Entrichtung der Steuer.

2. In den Fällen des § 2 Abs. 1 Nr. I 4 bis 6 (Zinsen aus Forderungen, Grundschulden und vererbliche Rentenbezüge) haftet für die Steuer der Schuldner und Gläubiger als Gesamtschuldner.

3. In den Fällen des § 2 Abs. 1 Nr. I 7 und II (Erträge aus Diskonterträgen und ausländischen Kapitalerträgen) haftet der Gläubiger der Kapitalerträge für die Steuer.

§ 18. Die Steuerentrichtung.

I. Steuerträger: Die Steuer hat der Gläubiger zu tragen. Er ist der alleinige Steuerträger. Vereinbarungen, wonach der Schuldner die Steuer zugunsten des Gläubigers übernimmt, sind nichtig.

II. Abrundung der Steuer:

Der Steuerbetrag wird auf volle Pfennig nach oben abgerundet. Der Steuerbetrag ist auf volle 5 Pfennig nach oben abzurunden, wenn die Entrichtung des Kapitalertrags in anderer Weise als durch Gutschrift erfolgt und der Gläubiger (Steuerpflichtige) nicht die bei einer Abrundung auf volle Pfennige in Frage kommenden Pfennigbeträge herausgeben kann. Steuerbeträge bis 5 Pfennig bleiben unerhoben. Die Abrechnung erfolgt erst nach Zusammenrechnung der Kapitalerträge gleicher Art; als Kapitalerträge gleicher Art gelten die Kapitalerträge, bei denen der Schuldner dieselbe Person ist.

III. Steuerentrichtung:

1. a) Die Entrichtung der Steuer von den im § 2 Nr. I 1 bis 6 des Gesetzes aufgeführten Kapitalerträgen erfolgt in der Weise, daß der Schuldner des Kapitalertrags für Rechnung des Gläubigers (Steuerträgers) zehn vom Hundert des Kapitalertrags als Steuer einbehält und binnen einem Monat nach Fälligkeit abführt.

b) Der Steuerbetrag wird, soweit das Reich selbst oder die Länder Schuldner der Kapitalerträge sind, an die Reichshauptkasse, im übrigen an das für den Schuldner zuständige Finanzamt abgeführt. Zuständig ist das Finanzamt, an das der Schuldner seine Einkommensteuer zu entrichten hat. Soweit Finanzämter noch nicht eingerichtet sind, bestimmt das Landesfinanzamt die für die Einzahlung der Steuer zuständige Stelle.

c) Der abzuführende Betrag wird von dem Gesamtbetrag der Zinsen, die ein Schuldner an einem Fälligkeitstage jeweils zu entrichten hat, berechnet.

Beträge, die durch die Zusammenrechnung bei der Abrundung nach oben übrig bleiben, verbleiben dem Schuldner.

d) Bei der Abführung des Betrages hat der Schuldner Namen, Wohnort und Wohnung seines Gläubigers, Kapitalschuld, Zinsfuß, Zinsbetrag und die Zeit, für die der Zins gezahlt wird, anzugeben.

Nachstehend wird das in Betracht kommende Muster angegeben:

.... den ....1920.

Dem Finanzamt in .... zeige ich an, daß ich an .... in .... (Straße und Hausnummer) .... aus einer Kapitalschuld von .... M. an Zinsen .... M. für die Zeit vom .... bis .... schulde.

Ich habe bei der Zahlung am .... zehn vom Hundert gleich .... M. einbehalten und überweise den abgezogenen Betrag in bar — mit Postanweisung — auf das Postscheckkonto — auf das Konto bei der Bank ....

2. Sofern das Reich, die Länder, Gemeinden, sonstige öffentliche Verbände, Gesellschaften der im § 2 Nr. I 1 bezeichneten Art, Hypothekenbanken, Schiffspfandbriefbanken, öffentlich-rechtliche Kreditanstalten, Kreditgenossenschaften, Sparkassen oder Unternehmungen der im § 3 Abs. 1 Nr. 3 Satz 2 bezeichneten Art die Zinsschuldner sind, können sie den Gesamtbetrag, der auf gleichartige Schulden entfällt, in einer Summe ohne Nennung des Namens der einzelnen Gläubiger angeben.

3. Für die Besteuerung der in § 2 Nr. I 4 bis 6 des Gesetzes aufgeführten Erträge ist folgendes bestimmt: Die Hypotheken- und sonstigen Darlehnsschuldner sowie diejenigen Personen, die vererbliche Renten auszuzahlen haben, sind verpflichtet, für Rechnung des Gläubigers zehn vom Hundert der Zinsen einzubehalten, binnen einem Monat nach der Zinszahlung an das Finanzamt abzuführen und die ihnen vom Finanzamt erteilte Quittung an den Gläubiger zu übersenden. Sie sind für die Zahlung der Steuer persönlich verantwortlich. Wer diese Verpflichtung vorsätzlich oder fahrlässig nicht erfüllt, kann wegen Steuerhinterziehung oder Steuergefährdung strafrechtlich verfolgt werden. Die Verpflichtung zur Übersendung der Quittung an den Gläubiger besteht nicht, wenn das Reich, die Länder, Gemeinden, sonstige öffentliche Verbände, Gesellschaften der in § 2 Nr. I 1 bezeichneten Art, Hypothekenbanken, Schiffspfandbriefbanken, öffentlich rechtliche Kreditanstalten, Kreditgenossenschaften, Sparkassen oder Unternehmungen der im § 3 Abs. 1 Nr. 3 Satz 2 bezeichneten Art die Zinsschuldner sind.

Hat der Gläubiger entgegen den gesetzlichen Vorschriften den vollen Zinsbetrag ohne Abzug der Steuer oder mehr als neunzig vom Hundert des Zinsbetrages erhalten, so ist er seinerseits verpflichtet, die Steuer zu entrichten, und zwar an das für ihn zuständige Finanzamt innerhalb eines Monats nach Erhalt der Zahlung.

§ 19. Geltendmachung der Steuerbefreiungen.

I. Grundsätzliches (vgl. vorn § 15): Die Befreiungsfälle sind im § 3 des Gesetzes aufgezählt. Die Befreiung hat, soweit es sich um Kapitalerträge nach § 2 Nr. I 1, 2 handelt, im Wege der Erstattung zu erfolgen. Ein besonderer Erlaß über ein erleichtertes Rückerstattungsverfahren wird demnächst ergehen. Für die übrigen Fälle ist folgendes vorgesehen:

1. Ob und in welchem Umfange die Voraussetzungen für eine Befreiung vorliegen, muß zunächst in jedem Falle grundsätzlich geprüft werden. Die einmal getroffenen Feststellungen werden dann in einer Reihe von Fällen (z. B. ob eine Stiftung mildtätigen oder gemeinnützigen Zwecken dient, ob eine Sparkasse zu den öffentlichen zählt) für die Zukunft Gültigkeit behalten.

2. **Da nun aber vor den zunächst bevorstehenden Zinsterminen solche Feststellungen nicht mehr getroffen werden können, so ist bestimmt, daß bis zum Erlasse der Ausführungsbestimmungen Ansprüche auf Befreiung von der Steuer besonderer Anerkennung durch das Finanzamt bedürfen. Es ist also zunächst in allen Fällen die Steuer durch den Schuldner zu entrichten und nachträglich vom Gläubiger (Steuerpflichtigen) bei dem für ihn zuständigen Finanzamt ein Erstattungsantrag unter Mitteilung des Sachverhalts und der Gründe, aus denen Befreiung von der nachweislich gezahlten Steuer beansprucht wird, einzureichen. Der Nachweis, daß du Steuer gezahlt ist, ist durch Vorlegung der Quittung dem Finanzamt zu erbringen; in den Fällen, in denen der Schuldner zur Übersendung der Quittung an den Gläubiger nicht verpflichtet ist, ist eine Erklärung des Schuldners, daß er die Steuer von dem betreffenden Ertrag abgeführt habe vorzulegen; bei Erträgen aus Inhaberpapieren ist der Nachweis der gezahlten Steuer durch den Nachweis des Besitzes des Inhaberpapiers zu führen, und zwar durch Vorlegung eines vom Finanzamt mit einem Bestätigungsvermerke versehenen Verzeichnisses, das die Angaben des Nennwertes, der Gattung, des Zinsbetrages und der üblichen Unterscheidungsmerkmale enthält.**

3. Ausnahmen: Sparkassen und Kreditgenossenschaften und diesen gleichgestellte Institute können den Schuldnern der in § 2 Nr. I 4, 5 bezeichneten Art mitteilen, daß diese Kapitalerträge steuerfrei sind und daher abzugslos auszuzahlen sind. Die dem Reich, Ländern und Gemeinden auszuzahlenden Kapitalerträge der oben erwähnten Art sind ebenfalls steuerfrei und sind die Erträge ohne Abzug der Steuer auszuzahlen.

§ 20. Übergangsbestimmungen.

I. Das Gesetz ist am 31. März 1920 in Kraft getreten. Mit dem gleichen Tage ist die Geldumsatzsteuer auf Grund der §§ 76 bis 78 des Reichsstempelgesetzes außer Kraft gesetzt. Näheres darüber vgl. S. 54).

II. Kapitalerträge, die bei Inkrafttreten dieses Gesetzes bereits fällig waren, unterliegen der Steuer nicht. Maßgebend ob ein Kapitalertrag fällig ist, sind somit die näheren Bestimmungen des Vertrages, z. B. bei Sparzinsen, wann nach der Sparordnung die Zinsen zu zahlen sind. Für die Dividendenerträge ist bestimmt, daß diese der Steuer unterliegen, sofern sie Erträge aus einem Wirtschaftsjahr sind, das später als der 31. Dezember 1919 abläuft. Ist das Wirtschaftsjahr früher abgelaufen, unterliegen die Erträge nicht der Steuer, einerlei wann die Erträge fällig werden, d. h. die Festsetzung der Dividende durch die Generalversammlung erfolgt oder die Erträge ausgezahlt werden. Der Steuer unterliegen weiter nicht die übrigen Erträge, soweit sie aus einer Besitzzeit vor dem 1. Oktober 1919 herrühren. Sparzinsen, die z. B. am 1. April 1920 fällig wurden und das ganze Jahr vom 1. April 1919 umfassen, unterliegen der Steuer nur, soweit sie auf die Zeit vom 1. Oktober 1919 entfallen.

III. Erträge, die am 31. März 1920 oder später fällig geworden sind, unterliegen der Steuer, auch wenn sie vor Inkrafttreten des Gesetzes ausgezahlt sind.

IV. Ausnahmen: Zinsscheine, die am 1. April 1920 fällig waren, sind steuerfrei, wenn ihre Einlösung oder Gutschrift vor dem 3. April 1920 erfolgt ist.

Wer die Steuerfreiheit von Zinsscheinen auf Grund des § 14 Abs. 2 Satz 2 beansprucht, hat bei der Übersendung der Zinsscheine an den Zinsschuldner oder die von diesem mit der Einlösung betraute Stelle eine eidesstattliche Versicherung abzugeben, daß er ausweislich seiner Bücher die namentlich bezeichneten Zinsscheine vor dem 3. März 1920 durch Barzahlung oder Gutschrift eingelöst habe und den Schuldner oder die mit der Einlösung betraute Stelle ermächtige, diese Erklärung dem zuständigen Finanzamt vorzulegen. Die Erklärung ist dem Finanzamt mit einzusenden. Von solchen Zinsscheinen ist eine Steuer nicht abzuführen.

V. Befreit von der Kapitalertragssteuer sind die Sparprämienanleihen von 1919.

VI. Die endgültigen Ausführungsbestimmungen zu diesem Gesetz erläßt der Reichsfinanzminister.

§ 21. Wie steht es mit den einzelnen Erträgen, die den Genossenschaften zufließen?

I. Die oben dargelegten Grundsätze erfordern eine gesonderte Darstellung der Behandlung der Steuer, falls die Erträge Genossenschaften zufließen oder von diesen zu zahlen sind. Nachstehend werden die einzelnen Bestimmungen behandelt und gleichzeitig dargestellt, wer im einzelnen Fall die Steuer zu entrichten hat.

II. Die einzelnen Erträge:

1. Dividenden usw.

A. Allgemeine Befreiungsgründe:

a) Befreit von der Kapitalertragssteuer sind die Dividenden, wenn die Genossenschaft zugleich Gläubiger und Schuldner in einer Person ist, z. B. eine Bauvereinigung in der Form der Aktiengesellschaft hat ihre eigenen Aktien in Besitz.

b) Dividenden von Gesellschaften mit beschränkter Haftung, die nicht mehr wie 300000 M. Stammkapital haben, vgl. darüber unter § 15.

c) Die Übergangsbestimmungen: Befreit sind die Dividenden für das Geschäftsjahr, welches spätestens am 31. Dezember 1919 abschließt.

B. Besondere Befreiungsgründe: Von der Kapitalertragssteuer sind befreit:

a) Dividenden, die Genossenschaften zufließen, die ihren Geschäftsbetrieb auf den Kreis der Mitglieder beschränken (über diesen Begriff vgl. § 11). Jedoch ist die Befreiung beschränkt auf diejenigen Bestände, die bereits am 1. Oktober 1919 im Besitz der Genossenschaft waren. Auf neu erworbene Dividendenpapiere findet die Bestimmung keine Anwendung. Die Befreiung wird also um so bedeutungsloser werden, je mehr die Genossenschaften von den alten Beständen abstoßen.

b) Gleichgestellt sind die in ihrer Hauptbestimmung als Zentralen der Genossenschaften wirkenden Genossenschaften, Gesellschaften mit beschränkter Haftung und Aktiengesellschaften, deren Genossen Gesellschafter und Aktionäre ausschließlich oder doch überwiegend Genossenschaften sind oder deren wirtschaftliche Betätigung ausschließlich oder doch überwiegend den angeschlossenen Genossenschaften zugute kommt.

c) Die Befreiung kommt zugute allen Arten von Genossenschaften, sofern sie ihren Geschäftsbetrieb auf den Kreis der Mitglieder beschränken.

d) Bei ausländischen Dividenden erhält der Gläubiger den vollen Ertrag ausgezahlt. Wenn die Genossenschaft z. B. keine Steuerbefreiung genießt, hat sie auf Grund einer besonderen Steuererklärung (vgl. oben S. 47) die Steuer zu entrichten. Besorgt die Genossenschaft für einen Kunden die Einziehung dieser ausländischen Dividendenerträge, so ist wohl der Aktionär, der den Dividendenschein abtrennt, zu dessen gunsten eingelöst wird, zur Abgabe der Steuererklärung verpflichtet.

C. Geltendmachung der Befreiung:

a) Der Schuldner hat zunächst die Steuer wie auch bei den sonstigen Gläubigern einzubehalten.

b) Die Genossenschaft hat dann einen Erstattungsantrag zu stellen. Zu diesem Behufe muß sie nachweisen, daß sie schon am 1. Oktober 1919 im Besitz der Wertpapiere war. Die Steuer wird dann von dem zuständigen Finanzamt erstattet. Erlaß über ein vereinfachtes Erstattungsverfahren steht bevor.

2. Effektenzinsen usw.

A. Allgemeine Befreiungsgründe:

a) Befreit von der Kapitalertragssteuer sind die Zinsen, wenn der Gläubiger und Schuldner ein und dieselbe Person sind, z. B. eine Baugenossenschaft hat ihre eigenen Teilschuldverschreibungen im Besitz.

b) Befreit sind die Kriegsanleihezinsen, soweit ihr Zinsen von Darlehen gegenüberstehen, die nachweislich zur Zahlung oder Aufrechterhaltung selbstgezeichneter Kriegsanleihen aufgenommen sind. Die Befreiung wird nur in seltenen Fällen auf Genossenschaften zutreffen. Im allgemeinen werden Genossenschaften für die Zahlung der Kriegsanleihen keine besonderen Darlehen aufgenommen haben. Daß sie die fremden Gelder zur Zeichnung von Kriegsanleihen benutzt haben, billigt ihnen die Befreiung noch nicht zu.

c) Befreit sind die Zinserträge, die am 1. April 1920 fällig und bereits am 3. März 1920 eingelöst waren.

B. Besondere Befreiungsgründe:

Hier gilt das gleiche wie oben zu 1 B.

C. Geltendmachung der Befreiung:

Hier gilt das gleiche wie zu 1 C.

3. Zinsen von Forderungen, die auf Grund von Vereinbarungen entrichtet werden. Zinsen von Grundschulden usw.

A. Allgemeine Befreiungsgründe:

a) Die Erträge, die aus einer Besitzzeit vor dem 1. Oktober 1919 herrühren, unterliegen der Steuer nicht.

Die Sparzinsen, die am 1. April 1920 fällig sind und sich auf das abgelaufene Geschäftsjahr 1919 beziehen, unterliegen somit der Steuer nur für die Zeit ab 1. Oktober 1919.

B. Besondere Befreiungsgründe:

a) Die Kapitalerträge von den oben genannten Forderungen sind von der Kapitalertragssteuer frei, wenn sie Genossenschaften zufließen, die ihren Geschäftsbetrieb auf den Kreis der Mitglieder beschränken.

b) Gleichgestellt sind die in ihrer Hauptbestimmung als Zentralen der Genossenschaften wirkenden Genossenschaften, Gesellschaften mit beschränkter Haftung und Aktiengesellschaften usw.

c) Die Befreiung kommt allen Genossenschaftarten, Kreditgenossenschaften, Konsumvereinen, Baugenossenschaften usw., die ihren Geschäftsbetrieb auf den Kreis der Mitglieder beschränken, zugute, für alle gegenwärtigen und zukünftig erst erworbenen Forderungen, z. B. eine Genossenschaft erwirbt eine Hypothek oder gibt ein Darlehen.

d) Darüber hinaus sind die Erträge befreit, die einer Kreditgenossenschaft zufließen. Dabei ist es gleichgültig, ob sie ihren Geschäftsbetrieb auf den Kreis der Mitglieder beschränken oder darüber hinausgehen.

Nicht zugute kommt diese Bestimmung den Zentralen der Kreditgenossenschaften, sofern sie nicht unter die Befreiung unter b fallen. Gehen sie also mit dem Geschäftsbetrieb über den Kreis der Mitglieder hinaus, so unterliegen sie der Steuer.

Eine Beschränkung ist gegeben als die Befreiung sich nur auf das der Anschaffung und Darleihung und dienende Geschäft beschränkt. Eine Kreditgenossenschaft, die gleichzeitig Einkaufsgenossenschaft ist, kann für die Zinserträge aus Warenschulden, die kapitalertragssteuerpflichtig geworden sind, die Befreiung nicht geltend machen.

e) Die Befreiung kann generell geltend gemacht werden (vgl. oben § 19).

4. Diskonterträge usw.:

Für die Erträge gilt das gleiche wie unter 3.

Eine Beschränkung besteht insofern, als für diese die Bestimmung unter 3 B a nur gegeben ist, wenn es sich dabei um die Erträge aus Kapitalanlagen handelt, die bereits vor dem 1. Oktober 1919 im Besitz der Genossenschaft waren.

Für Kreditgenossenschaften gelten dann noch die besonderen Befreiungsvorschriften unter 3 B d.

Die Diskonterträge der Reichsschatzwechsel im Besitz der Kreditgenossenschaften sind daher grundsätzlich steuerfrei.

Die Diskonterträge, der Reichsschatzwechsel, die die Genossenschaft für einen Kunden schafft, sind steuerpflichtig, doch hat die Entrichtung der Steuer durch den Gläubiger auf Grund besonderer Vereinbarung zu erfolgen (vgl. oben S. 48).

§ 22. Wie steht es mit Erträgen, die Genossenschaften zu zahlen haben?

I. Auch für die Erträge, die Genossenschaften zu zahlen haben, wird besondere Schwierigkeiten die Art der Steuerberechnung und Steuerentrichtung machen.

II. Die einzelnen in Betracht kommenden Erträge:

1. Dividenden: Die Dividenden der Genossenschaften sind von der Kapitalertragssteuer befreit, wenn die Kapitalerträge der im § 2 Abs. 1 Nr. I 1 bezeichneten Art aus Anteilen an Genossenschaften, bei denen das Geschäftsguthaben des einzelnen Genossen satzungsgemäß 5000 M. nicht übersteigen darf, sowie aus den Anteilen an den in ihrer Hauptbestimmung als Zentralen der Genossenschaften wirkenden Genossenschaften, Gesellschaften mit beschränkter Haftung und Aktiengesellschaften, deren Genossen, Gesellschafter und Aktionäre ausschließlich oder doch überwiegend Genossenschaften sind oder deren wirtschaftliche Betätigung ausschließlich oder doch überwiegend den angeschlossenen Genossenschaften zugute kommt.

Maßgebend für die Befreiung ist also, ob nach dem Statut eine Genossenschaft kein größeres Geschäftsguthaben als 5000 M. haben kann. Hat z. B. eine Genossenschaft einen Geschäftsanteil von 200 M. und sind 20 Geschäftsanteile zugelassen, so ist die Dividende von der Kapitalertragssteuer Sind dagegen 30 Geschäftsanteile zu 200 M. zugelassen, so wird ein Geschäftsguthaben von mehr als 5000 M. erreicht und unterliegt infolgedessen die Dividende der Steuer.

III. Übergangsbestimmungen: Die Dividende für 1919 ist auch dann schon frei, wenn das Geschäftsjahr mit dem 31. Dezember 1919 abgelaufen ist.

IV. Für alle anderen Erträge hat die Genossenschaft wie jeder andere Schuldner die Steuer einzubehalten, einerlei wer der Berechtigte ist. Nur auf die Steuerbefreiungsgründe ist zu achten, sofern hierbei der Gläubiger nicht im Erstattungsverfahren die Steuer zurückbekommt, vielmehr der Gläubiger ganz allgemein den vollen Ertrag gleich erhalten soll. Es gilt dies z. B. von den Kreditgenossenschaften und Hypothekenbanken, bei denen der Reichsfinanzminister die allgemeine Befreiung zu gestatten hat. Gleiches gilt z. B., wenn Reich, Länder oder Gemeinden Gläubiger sind. Diese sind auch von der Kapitalertragssteuer befreit. Die Konten können somit von der Genossenschaft als steuerfrei behandelt werden.

Die Genossenschaft verfährt in der Weise, daß sie am Ende der Abrechnungsperiode die Habenzinsen einfordert und ohne Abzug von Schuldzinsen auf dem anderen Konto den Betrag dem Gläubiger in Abzug bringt.

Die Steuerentrichtung erfolgt am Schlusse der Abrechnungsperiode, also entweder viertel-, halb- oder ganzjährlich. Maßgebend für die Fälligkeit der Zinsen und damit für die Entrichtung der Steuer (vgl. § 17) sind die vereinbarten Darlehnsbedingungen, z. B. Spar- und Depositenordnung.

V. Die Geldumsatzsteuer (Habenzinssteuer) ist mit dem 31. März 1920 aufgehoben. Die Geldumsatzsteuerpflicht für 1919 bleibt aber noch bestehen, soweit eine solche überhaupt gegeben ist, gegebenenfalls nur bis 1. Oktober 1919.

Vierter Titel.

§ 23. Das Landessteuergesetz.

I. Das Landessteuergesetz vom 30. März 1920 (RGBl. 1920 Nr. 60 S. 402) ist am 1. April 1920 in Kraft getreten.

Dieses Gesetz regelt die Verteilung der Steuerrechte zwischen dem Reich, den Ländern und Gemeinden. Durch das neue Gesetzgebungswerk sind den Ländern und Gemeinden im weiten Umfange ihre Steuerrechte genommen worden. Das Landessteuergesetz bestimmt vor allem, welche Steuern neben den Reichssteuern künftighin die Länder und Gemeinden noch erheben können. Das Gesetz ist insoweit auch für die Genossenschaften von Interesse, da sie durch die Steuern der Länder und Gemeinden gegebenenfalls noch erheblich mitbelastet werden können.

II. Allgemeine Bestimmungen:

1. Die Länder und Gemeinden (Gemeindeverbände) sind berechtigt, Steuern nach Landesrecht zu erheben, soweit nicht die Reichsverfassung und die gemäß der Reichsverfassung erlassenen reichsrechtlichen Vorschriften entgegenstehen.

2. Die Inanspruchnahme von Steuern für das Reich schließt die Erhebung gleichartiger Steuern durch die Länder und Gemeinden (Gemeindeverbände) aus, wenn nicht reichsgesetzlich ein anderes vorgeschrieben ist

Die Erhebung von Zuschlägen zu Reichssteuern ist den Ländern und Gemeinden (Gemeindeverbänden) nur auf Grund reichsgesetzlicher Ermächtigung gestattet.

3. Die Landes- und Gemeindesteuern, die die Steuereinnahmen des Reiches zu schädigen geeignet sind, sollen nicht erhoben werden, wenn überwiegende Interessen der Reichsfinanzen entgegenstehen.

4. Neue Steuerverordnungen der Gemeinden (Gemeindeverbände) sind von den zuständigen Landesbehörden dem Reichsminister der Finanzen oder der von ihm beauftragten Reichsbehörde mitzuteilen. Der Reichsminister der Finanzen und die von ihm beauftragte Reichsbehörde können binnen einem Monat Einspruch erheben, wenn die Ordnungen mit Reichsrecht nicht vereinbar oder wenn sie geeignet sind, Reichssteuereinnahmen zu schädigen und überwiegende Interessen der Reichsfinanzen entgegenstehen.

5. Die Gemeinden sind verpflichtet, eine Vergnügungssteuer zu erheben, falls nicht der Gemeindeverband oder das Land, denen die Gemeinde angehört, eine solche Steuer einführt.

6. Die Länder erheben Steuern:
a) vom Grundvermögen,
b) vom Gewerbebetrieb.

Die Steuern können nach Merkmalen des Wertes, des Ertrags der Ertragsfähigkeit oder des Umfanges des Grundvermögens oder des Gewerbebetriebes verlangt werden.

Die Länder können die Ertragssteuern den Gemeinden (Gemeindeverbänden) ganz oder teilweise überlassen.

III. Die Ausgestaltung der zulässigen Länder- und Gemeindesteuern:

Die Ertragssteuern dürfen nicht wie Einkommensteuern ausgestaltet werden. Besteuerungsmerkmale, die auf die Berücksichtigung der persön lichen Leistungsfähigkeit abzielen, sollen nicht zugrunde gelegt werden.

IV. Das Landessteuergesetz regelt dann weiter noch die Beteiligung der Länder und Gemeinden am Ertrage von Reichssteuern. Diese Bestimmungen sind für die Genossenschaften ohne Interessen.

Fünfter Titel.

§ 24. Das Besitzsteuergesetz.

I. Das alte Besitzsteuergesetz vom 3. Juli 1913 (RGBl. 1913 S. 524—547) sollte in dem neuen Steuergesetzgebungswerk mit umgestaltet werden. Eine Erhöhung seiner Tarife sollte stattfinden. Ein entsprechender Entwurf war der Nationalversammlung zugegangen. Die Beratung konnte aber nicht mehr zu Ende geführt werden. Es ist daher als Ersatz dafür ein Notgesetz ergangen: Gesetz über die Veranlagung der Besitzsteuer vom 31. Dezember 1919 vom 30. April 1920 (RGBl. 1920 Nr. 100). Durch dieses Gesetz, welches nur drei Paragraphen umfaßt, sind einzelne Bestimmungen des alten Besitzsteuergesetzes abgeändert worden. Da das Besitzsteuergesetz nur die Besteuerung physischer Personen vorsieht, kommen die materiellen Bestimmungen für die Genossenschaften nicht in Frage. Wichtig ist nur die Bestimmung als Ergänzung zu dem Reichsnotopfergesetz, daß im Reichsnotopfergesetz deutsche Gold- und Silbermünzen mit dem Metallwert zu bewerten sind.

Sechster Titel.

§ 25. Das Ausgleichsbesteuerungsgesetz.

Das Ausgleichsbesteuerungsgesetz vom 12. Juni 1920, (RGBl. 1920, Nr. 132, S. 1195) dient dazu, die Währungsgewinne die deutschen Gläubigern aus Forderungen an das feindliche Ausland auf Grund des Friedensvertrages erwachsen, zu den Steuern des Reiches heranzuziehen. Da auf Grund des Friedensvertrages die Forderungen der deutschen Gläubiger an das Ausland zu dem Vorkriegskurs beglichen werden, erwachsen den Gläubigern erhebliche Valutengewinne. Diese sollen mit zu den Steuern des Reiches herangezogen werden. Das Gesetz über die steuerliche Behandlung der im Reichsausgleichsgesetze und im Enteignungsgesetze geregelten Ansprüche und Verbindlichkeiten (Ausgleichsbesteuerungsgesetz) enthält vor allem Bewertungsvorschriften, nach denen diese den Gläubigern zustehenden Forderungen in den verschiedenen Steuergesetzen angesetzt werden sollen. Für Genossenschaften kommen diese Bestimmungen nur in Frage, soweit sie Auslandsforderungen haben. Dieses wird im allgemeinen nur bei den Grenzgenossenschaften der Fall sein.

Siebenter Titel.

Steuerentwürfe in Beratung.

§ 26. Gesetz über die Erhebung einer Abgabe zum Baukostenausgleich (Mietsteuer).

Noch vor Schluß der Nationalversammlung ist dieser ein Gesetz über die Erhebung einer Abgabe zum Baukostenausgleich in zwei Entwürfen von der Reichsregierung und dem Reichsrat zugegangen.

Dieser Entwurf sieht die Erhebung einer Mietsteuer in Höhe von 10 bzw. 15% vor auf alle Gebäude und Gebäudeteile. Die Abgabe soll auch gewerbliche Räume treffen, so daß damit auch die von den Genossenschaften genutzten Räume herangezogen werden. Steuerschuldner ist der Nutzungsberechtigte, z. B. der Mieter. Das Gesetz ist nicht mehr verabschiedet worden und wird dem neuen Reichstag vorgelegt werden.

Achter Titel.

§ 27. Nachträge zu den Steuergesetzen.

1. Reichsabgabenordnung.

Zu § 165: Verbot fingierter Konten: Der Reichsfinanzminister hat im Erlaß vom 12. Februar d. J. darauf hingewiesen, daß das Verbot fingierter Konten für alle Konten und Guthaben gilt, auch für die, für die die Erleichterung der Anzeigepflicht gemäß § 189 gewährt worden sind. Inhabersparkarten sind danach zweifellos auch verboten.

Zu § 177: Auskunftspflicht. Es wird den Genossenschaften empfohlen, soweit das Verlangen der Finanzämter unberechtigt erscheint Beschwerde einzulegen.

Zu § 189: Anzeigepflicht: Die Verordnung zur Aufstellung der Kundenverzeichnisse vom 27. Januar 1920 hat zu zahlreichen Zweifelsfragen Veranlassung gegeben. Die Verordnung gelangt hier nachstehend zum Abdruck:

§ 1.

Das Verzeichnis der Kunden nach dem Stand vom 30. Juni 1919 (§ 189 der Reichsabgabenordnung) kann, soweit es sich um Guthaben und laufende Konten handelt, auf die Kunden beschränkt werden, deren Guthaben am 30. Juni 1919 mehr als 3000 M. betragen hat. Kunden, die bei dem Anzeigepflichtigen Wertsachen (Wertpapiere, Geld oder Kostbarkeiten), ein verschlossenes Depot- oder ein Schließfach haben, sind in das Verzeichnis sämtlich aufzunehmen. Das Verzeichnis ist bis zum 1. Mai 1920 einzureichen.

§ 2

Zugangsverzeichnisse werden nur einmal im Jahre erfordert, sie sind für jedes Jahr bis zum 1. Mai des nächsten Jahres einzureichen. Fällt das Geschäftsjahr nicht mit dem Kalenderjahr zusammen, so ist das Zugangsverzeichnis spätestens bis zum Ablauf des vierten Monats nach Schluß des Geschäftsjahres einzureichen.

§ 3.

Soweit es sich um Guthabeu oder laufende Konten handelt, haben die Zugangsverzeichnisse alle Kunden zu umfassen, deren Guthaben oder Konto im letzten Geschäftsjahr einen Zinsertrag von mehr als 60 M. aufweist, mit Ausnahme der Kunden, die schon in einem früheren Verzeichnisse aufgeführt sind und ihr Konto oder Guthaben seitdem beibehalten haben. Von den Zinsen dürfen Provisionen und sonstige Nebenkosten sowie auf den Zinsen ruhende Steuern nicht abgezogen werden.

Kunden, die bei dem Anzeigepflichtigen Wertsachen (Wertpapiere, Geld oder Kostbarkeiten), ein verschlossenes Depot oder ein Schließfach haben, sind in das Zugangsverzeichnis aufzunehmen, soweit sie während des abgelaufenen Geschäftsjahres, bei dem ersten Zugangsverzeichnis in der Zeit seit dem 1. Juli 1919, hinzugetreten sind.

§ 4.

Jeder Kunde braucht in demselben Verzeichnis auch bei mehrfacher Geschäftsbeziehung nur einmal aufgeführt zu werden.

§ 5.

Das Landesfinanzamt kann einem Anzeigepflichtigen, der den Bestimmungen der §§ 1 bis 4 nicht genügt, die in dieser Verordnung vorgesehenen Erleichterungen entziehen.

§ 6.

Vordrucke für die Verzeichnisse werden unentgeltlich zur Verfügung gestellt. Die erforderliche Zahl ist unverzüglich dem Finanzamt mitzuteilen.

§ 7.

Diese Verordnung tritt mit dem Tage ihrer Verkündigung in Kraft.

Berlin, den 27. Januar 1920.

Vielfach haben die Genossenschaften von den Erleichterungen keinen Gebrauch gemacht, da es ihnen nicht möglich war, die kleinen Schuldner aus den Büchern auszusondern. Einen Anspruch auf Fortlassung im Kundenverzeichnis, weil ein Guthaben von 3000 M. nicht erreicht ist, haben die Kunden nicht. Ersatz der durch die Aufstellung der Kundenverzeichnisse den Genossenschaften erwachsenden Unkosten sind bislang durch die Reichsregierung abgelehnt. Erneute Eingaben sind seitens der Kreditinstitute gemacht worden. Die Entscheidung steht noch aus.

2. Steuer- und Kapitalfluchtgesetzgebung.

Durch Erlaß des Reichsfinanzministers vom 14. Februar d. J. ist genehmigt, daß die Erleichterungen in der Steuerfluchtverordnung vom

24. Januar 1920 auch den Kreditgenossenschaften zugute kommen, die die vorgesehene Anmeldungsfrist bis 8. September 1919 gemäß § 76 des RStG. versäumt haben, sofern sie beim Inkrafttreten des Kapitalfluchtgesetzes vom 8. September 1919 bereits bestanden haben und einem Revisionsverbande angeschlossen sind. Die Landeszentralbehörden haben entsprechende Verfügungen erlassen.

Zu den Kapitalfluchtverordnungen ist neuerdings eine Verordnung über Maßnahmen gegen die Kapitalabwanderung in das Saarbecken vom 27. April 1920 ergangen. Die Verordnung sucht die Verschiebung von Kapitalvermögen in das Ausland zu verhindern. Das Saarbecken wird bei Versendung von Wertpapieren und Zahlungsmitteln und bei den sonstigen in den Kapitalfluchtverordnungen geregelten Geschäften ebenso wie das Ausland behandelt.

Depotzwangverordnung vom 24. Oktober 1919: Der Reichsfinanzminister hat durch Erlaß vom 21. Februar 1920 darauf hingewiesen, daß alle Teilschuldverschreibungen von Baugenossenschaften depotzwangpflichtig seien. Die Baugenossenschaften können dieser Bestimmung nur entgehen, wenn sie künftighin Schuldverschreibungen ohne Zinsscheine ausgeben.

3. Reichsnotopfergesetz.

Im Reichsnotopfer sind gemeinnützige Baugenossenschaften von der Vermögensabgabe freigestellt. Die Gemeinnützigkeit ist ebenso geregelt wie in den anderen Steuergesetzen, z. B. Grunderwerbssteuergesetz und Reichsstempelgesetz. Nur für Genossenschaften, die nicht gemeinnützig sind, kommen die allgemeinen Bestimmungen des Reichsnotopfergesetzes über die Steuerpflicht der Genossenschaften in Frage.

Zum Reichsnotopfergesetz sind unter dem 27. Mai die Ausführungsbestimmungen ergangen. Besonderheiten enthalten diese nicht. Die Zahlung der Steuern mit Kriegsanleihen der Genossenschaften ist ebenso geregelt wie bei den Kriegsabgabegesetzen.

4. Erbschaftssteuergesetz.

Im Erbschaftssteuergesetz ist die Frage, ob auch Barguthaben nach § 59 anzumelden sind, noch nicht geklärt. Der Reichsfinanzminister hat aber zugestanden, daß die Auszahlungen auf Wechsel und Schecks, die vom Erblasser ausgestellt sind, durch die Bestimmung nicht gehindert ist.

5. Umsatzsteuergesetz.

Zum Umsatzsteuergesetz liegt jetzt der Entwurf der Ausführungsbestimmungen vor. Es ist ein umfangreiches Buch von über 400 Seiten. Den Handwerkergenossenschaften werden vor allem die Bestimmungen über die Luxussteuer interessieren.

Wichtig ist ein Erlaß des Reichsfinanzministers vom 30. März 1920 (Reichssteuerblatt Nr. 7), in dem festgelegt ist, daß auch die Leistungen der Revisionsverbände und der Revisoren umsatzsteuerpflichtig sind. Die Frage soll zur Entscheidung des Reichsfinanzhofes gebracht werden.

Bei Kreditgenossenschaften ist die Umsatzsteuerpflicht der Akkreditiven streitig geworden. Nach überwiegender Ansicht handelt es sich um steuerfreie Umsätze, da es sich um Umsätze von Geld und Geldforderungen handelt, auf die die Befreiungsvorschriften Platz greifen.

Für die Depotsteuer der Kreditgenossenschaften besteht nach dem Gesetz eine vierteljährliche Steuererklärungspflicht. Der Reichsfinanzminister hat in den Ausführungsbestimmungen allen Kreditgenossenschaften, die einem Revisionsverbande angeschlossen sind, gestattet, die Depotsteuer nur alljährlich zu zahlen. Ferner ist ausdrücklich bestimmt, daß bei dem Depotvertrag die baren Auslagen, die eine Genossenschaft z. B. für die Einbruchsversicherung hat, von dem umsatzsteuerpflichtigen Entgelten in Abzug gebracht werden könen.

Die Kreditgenossenschaften, die einem Revisionsverbande angeschlossen sind, sind auch von der Anzeigepflicht gemäß § 130 des Gesetzes befreit.

Die Luxussteuer wird zum erstenmal laut Erlaß des Reichsfinanzministers vom 1. März d. J. am 1. Juli 1920 erhoben.

Für Baugenossenschaften interessieren vor allem die Bestimmungen über die Gemeinnützigkeit. Sie lehnen sich an die fast gleichen Bestimmungen in den anderen Steuergesetzen an. Nur ist ausdrücklich noch bestimmt, „daß nicht durch hohe Aufsichtsratsvergütungen, hohen Angestelltengehältern oder sonstigen Verwaltungsausgaben, die durch den gemeinnützigen Zweck nicht bedingt sind, eine mittelbare Begünstigung dritter Personen vorliegt".

Die Umsatzsteuerpflicht der Einkaufsgenossenschaften hat gleichfalls zu zahlreichen Zweifelsfragen Veranlassung gegeben. Wichtig ist vor allem die Bestimmung des § 7 über mehrfache Umsätze. Der Reichsfinanzminister hat in einem Erlaß anerkannt, daß eine Besitzergreifung und somit eine Umsatzsteuerpflicht dann nicht vorliegt, wenn eine Genossenschaft z. B. Kohlen, die sie für die Mitglieder gemeinschaftlich besorgt und verkauft, diese direkt vom Waggon aus an die Mitglieder ausliefert, selbst wenn sie die Transportpapiere in Empfang genommen und die Ausgabe der Kohlen überwacht. Eine Umsatzsteuer ist in diesem Falle nicht fällig.

Druck von A. W. Hayn's Erben, Potsdam.

VEREINIGUNG WISSENSCHAFTLICHER VERLEGER
WALTER DE GRUYTER & CO., VORMALS
G. J. GÖSCHEN'SCHE VERLAGSHANDLUNG
J GUTTENTAG, VERLAGSBUCHHANDLUNG
GEORG REIMER / KARL J TRÜBNER / VEIT & COMP
BERLIN W 10

MIX
Papier | Fördert gute Waldnutzung
FSC® C083411

Kolibri 360 GmbH
Ferdinand-Jühlke-Straße 7
99095 Erfurt, Deutschland
produktsicherheit@kolibri360.de